小さな声を
小さなままに

●私の「福祉心理学入門」から

久保田美法 Miho Kubota

ナカニシヤ出版

は じ め に

生きているとは，何か声を発していること。
ある人の声を聴くとは，その人そのものに触れること。
けれども発せられてはいても，気づかれていない声が
何と多いことだろう。
こんなところに，こんな声がある…。
そこには社会への問いかけや，
自身に通じるものも含まれてはいないだろうか？
様々な声と声が響き合う時，
そこから紡がれていく世界があるはず…。

　本書は，私がある大学で担当している「福祉心理学入門」という授業で紹介
してきた現代社会で生きる様々な人の小さな声と，それらの声を聴いた学生た
ちの声を織りあわせた，"小さな声のアンソロジー"である。

　声にも，ふるまいや表情，仕草はある。そこには，その人の生き様や在り様，
その人の存在を賭けた主張，"ここにいるよ"という叫びや祈りが込められて
いる。

　決して目立たないが，時につぶやかれ，時にためらわれ，時にささやかれる
も，すぐに消えてしまいそうな声。いわば"小さな声"は，私たちの周りに，
あるいは私の中にも，たくさんひしめいているのではないか。そして，実はそ
うした"小さな声"たちが，この社会を，あるいは私自身を，秘かに支えてく
れているところがありはしないだろうか。

　そうした小さな声たちに耳を傾けることから，この社会について，自分自身
について，人と人のつながりについて，あらためて考えてみることができたら
と思う。

　小さな声は，大きな言葉で一括りにまとめられるものではなく，またきれぎ
れであることもある。すぐに「分かった！」とすっきりするものではないかも

しれない。しかし頭では分かりづらくとも，直に心に響いてくるところがある。そのように心で感じられたものは，たとえ微かなものであったとしても，さざ波のように，私たちの心を動かす。そうした"さざ波"は，私たちがふだんどこかで感じている息苦しさを，不思議と解きほぐしてくれるところがあるようにも思う。

　"小さな声を小さなままに"聴く時，そこからどのようなものが醸成されてくるだろうか。その声に耳をすまし，そのさざ波を感じることから考えてみたい。

目　　次

序　章

　"小さな声を小さなままに"聴いてみようとするこの本は，冒頭で述べたように，私がある大学で担当している「福祉心理学入門」という授業が元になっている。この授業は，日本にある様々な福祉的課題について，理論ではなく，当事者の声（声にならない声も含め）に触れ，感じることから考えようとするものであり，「福祉」というものを少し緩めに捉えているとも言えるかもしれない。序章では，この本の成り立ちや意図について，少し記しておきたい。

「福祉とは，こぼれる声を聴くことから」

　元となった授業の名前は「福祉心理学入門」だが，私はいわゆる福祉の専門家ではない。心理臨床というものを学び，それを仕事にしてきた者である。ただ，この科目に声をかけてくださった先生が，「福祉というのは何かと言えば，こぼれる声を聴くことからではないか」と言われたことが心に残った。「福祉」と言うと，すぐに「支援」や「政策」という言葉が思い浮かぶことは多いが，そもそもどんな「支援」や「政策」も，当事者のニーズや「声」から出発するものであるはずである。「苦しみの語りは，語りを待つ耳があるところで，こぼれるように落ちてくるもの」と鷲田（1999）は述べているが，そうした耳を養うことが，「入門」として，まず何よりも必要なのではないだろうか。

　「福祉」と一口に言っても，児童福祉，障害者福祉，高齢者福祉等々，その領域は多岐にわたる。私は子どもやお年寄りとかかわる仕事の経験はあっても，そのほかの現場についてはほとんど知らない。それでも，本や新聞，ドキュメンタリーなどから，様々な当事者たちの声を集め，それを紹介しながら，その声に学生たちと共に耳を傾けてみることにした。この社会に生きる様々な人々の声に耳を傾けてみようという授業だ。

　「福祉心理学」は学問としてはまだ新しい[1]。私なりに自由に発想して組み立

ててみたのが，これから綴っていく「私の『福祉心理学入門』」である。

学生たちの声のアンソロジー

　授業では様々な声に耳を傾け，そこで学生が感じたことを書いてもらっている。学生たちは，様々な当事者の声に——境遇は異なるとはしつつ——自身に通じるものを感じたり，あるいは社会の在り様やこれまでの自分の姿勢を，痛みの感覚とともにふりかえる様子がみられたり，また時には彼ら自身の生きづらさやうめき，悲鳴のようなものが吐露されたり，垣間見えることもある。こうした彼らの言葉もまた，"小さな声"と言えるのではないかと考えるようになった。

　20歳前後の学生は，子どもと大人の「間」の存在だ。社会や学校，あるいは家庭の問題は，子どもこそが敏感に感じているところがあると思うが，子どもは鋭く感知してはいても，そこで何が起こっているのかをつかむことはまだ難しい。大学生になると，ナイーブな感覚は残しつつ，自分の置かれてきた状況や自身の姿を相対化してみることができるようになってくる。社会の担い手ではないが，自分も社会をつくる側になるところに差しかかり，自身の問題として考える必要も出てくる。「間」の声には，それ独自の力がある。

　何よりも，素の心で向き合う彼らの言葉はとてもフレッシュだ。小さな声を聴くことによって彼らが受けとっているものや，そのことによって彼らの心持ちが何か変わっていく様子に，私自身，"小さな声を聴くことの力"や可能性をあらためて教わるようでもあった。

　授業では毎回最初に，前の週の感想をピックアップして学生たちに紹介している。同じ声を聴いても，感じるものは本当に様々だ。自分が感じているものと同じようなことをほかの人も感じているんだ，私一人じゃないんだ，と安堵したり，あるいはこんな見方もあるのかと驚くなど，様々な感想は学生たちにとって，発見や励ましにもなっているような感触があった。そうした中で，"声を聴き合うことの力"というものも感じるようになった。

　もしかしたら小さな声を聴くことは，あるいは学生たちの声を共有することは，若い人たちにとって，また大人にとっても，今の時代を生きていく上で大

　1）　日本福祉心理学会が創設されたのが2002年である。

切な支えになるところがあるのではないか。それが，本書をまとめてみたいと考えるようになった動機である。本書は，現代に生きる若い学生たちの「小さな声」のアンソロジーでもある。[2]

「みみをすます」ということ

2020年度春学期，新型コロナの影響で，「福祉心理学入門」も Zoom によるオンライン授業となった。初回の授業の冒頭ではいつも谷川俊太郎の「みみをすます」という詩を読むのだが，その感想の中に，次のようなものがあった。

・先生の声も周囲の声も聞こえない 5 分間という時間 （注：オンライン上で詩を読んだ後に感想を書く時間を 5 分とっていた），間違いなく聞こえないはずなのに，自分のペンの音を聞いていると，あたかも他の（受講生）160人のペンの音が聞こえるような気がした。みみをすますと，離れていてもつながりは見出せるのだと感じた。

「みみをすます」とは，確かに時空を超えたつながりをも感じられることであり，そのことが，それぞれ家で過ごしていた状況では殊に感じられる面もあったかもしれない。見えないからこそ，互いの思いを汲む必要性が増すこともある。

またこんな感想もあった。

・自分の体感として，友達の隣で書くリアクションペーパーよりも，オンラインのリアクションペーパーの方が時間や周りを気にせず，より本音で書けていると思う。真剣に考えるからこそ，他の人の意見を聞いたり，それを自分の中で解釈したりする時間を大切にしたいと思う。

実際，オンラインになったからかは定かでないが，授業が Zoom になってか

2） 学生たちの感想を引用することについては，授業終了後，説明をし，一定期間内に連絡があった者の感想は掲載しないこと，またその期間内に特に申し出がなかった者については了解を得たこととする旨を掲示配信で伝えた。

ら，内省的で熱のこもった感想が多くなったような感触はあった（感想提出までに時間的余裕を設けていたことも関係していたかもしれないが）。一人になることは，自分の心により「みみをすます」機会になることもある。そのことがまた，他者の声に耳をすますことにつながることもあるだろう。

　私は何もオンライン授業の方が対面授業よりよいと言いたいわけではない。ただ，直接顔を合わせていても，心ここにあらずだったり，表面的なやりとりに終始したり，虚勢を張ってしまうことはある。

　直接であれ間接であれ，その声を心で聴いて心震わせること。その振動が互いに伝わって，共振すること。そのように響き合うこと。そうしたことを重ねる中で，自分自身と，そして他者や社会とつながっていくような道もあるのではないだろうか。

　第1章に入る前に，まず谷川俊太郎の「みみをすます」という詩を挙げ，その後，この詩を読んだ学生たちの声を置く。

　「みみをすます」という詩は，その詩を読むことが，そのまま「みみをすます」体験にもなるような不思議な詩だ。そしてこの詩を読んだ人はみな，どこか詩人になるといつも思う。きっと誰の内にも詩的な心は眠っていて，そこにこの詩はそっと触れてくるのだろう。

　そして「みみをすます」という詩を読むことで感じられた世界を，それぞれの「声」として，一つひとつ「置いて」みると，さながら小さな"交響詩"のようになり，その声たちがまた「みみをすます」世界へと誘ってくれる。

　その後の授業の折々に，最初に読んだ「みみをすます」に言及する感想がみられたが，この詩は「福祉心理学入門」のベースに流れているもののように私自身も感じてきた。

　どのように耳をすますかということについて，私は授業で語ったことはないし，それはあまり重要とは思っていない。分からないままに，ともかくも耳を傾け，そこで聞こえてくるものに心をすまし，心震わせる中で，自然とその人らしい聴き方はつくられてくると考えるからだ。方法や姿勢といったものは，後からなるようになっていけばよい。"どうしたら何ができるようになるか"ということよりも，まずは"こんなところにこんな声があったのか…"ということに驚き，心動かされること。そのことが，何よりも大切ではないかと思う。

誰にでもひらかれたものとして

さて，「福祉心理学入門」には「入門」という言葉がついていたことが私はとてもよかったと思っている。「入門」とは，一般にその領域へのはじめの一歩であり，そこから徐々に専門的な方へステップアップしていくことが期待されるものだろう。しかし専門性を身に着けようとする時，しばしば失われてしまいがちな素朴さや「素足」で感じること（霜山，1989）もまた，何ものにも代えがたいところがあるように私は思う。素朴に耳を傾け続ける中で，深められるものもあるのではないか。その地点に立ち続けること。「入門」というものを，私はそうした意味で捉えてみたい。

この本は，「福祉」や「心理」の専門家になるためというよりも，それ以前に，まずは一人の人間として，私は今の社会を，自分自身を，どう感じているのか，それは自分が生きるということとどうつながっているのかを問うてみようとするものである。学生にそうしたことを問いかけるなら，私も私自身にそれを問わなければならないだろう。私も含めて，一人ひとりが，「私の」「福祉心理学入門」を始められたらという願いを込めて，本書のサブタイトルは「私の『福祉心理学入門』から」とした。

「福祉」とは，「心理」とは何だろうか。「医療」というものが治療を，「教育」といいうものが人の成長・発達をまず第一に目指すものだとすれば，「福祉」はそれらを下支えすると同時に，いわゆる治療や発達が困難な事態でもなお，あるいはそうした状況でこそ求められ，為しうる営みであるだろう。誰にとってもおそらく無関係ではありえない，むしろ切実なところにかかわるものではないかと思う。そして，そうしたところに，人の心が関与していないはずはないだろう。

とはいえ，この本でとりあげる事柄は，何も「福祉」や「心理」に限るわけではない。その枠組みをやわらかく壊してみることができたらとは思うが，そもそも「心理」や「福祉」のみにこだわることもないかとは思う。

3） 2019年に公認心理師という国家資格ができて以来，その養成テキストとして「福祉心理学」と題する本は複数の出版社から刊行されるようになったが，この科目はそうした流れで置かれていたものではなかったため，この授業は「入門」として，誰にでもひらかれたものとしたいと考えて行ってきた。

　この本は，私がたまたま担当することになった「福祉心理学入門」という授業から，「小さな声を小さなままに聴く」ということについて考えてみようとするものである。

　小さな声は，この本に紹介したものに限らず，無数にあるはずである。誰でも，どこからでも，いろんな形でできるのが「小さな声を聴く」ことだと思う。[4]

　こんなところにこんな声があったのか…そう気づくことが，何か小さな希望につながるところがあれば，と思う。この本がその一つのきっかけになるところがあれば幸いである。

4）この社会にあふれているはずの小さな声を聴いてみたくなるような，そんな気持ちが湧いてきたら，どうぞそうしていただけたら嬉しい。また本書で引用する「小さな声」は，編集上，実際に授業で紹介したものよりコンパクトになっている。興味をもたれたら，是非，実際のその著書や動画にアクセスして，その声に触れていただけたらと思う。

みみをすます

谷川俊太郎

うまのいななきと
ゆみのつるおと
やりがよろいを
つらぬくおと
みみもとにうなる
たまおと
ひきずられるくさり
ふりおろされるむち
ののしりと
のろい
くびつりだい
きのこぐも
つきることのない
あらそいの
ものおとにまじる
かんだかい
たかいびきと
やがて
すずめのさえずり
かわらぬあさの
しずけさに
みみをすます

みみをすます
（ひとつのおとに
ひとつのこえに
みみをすますことが

もうひとつのおとに
もうひとつのこえに
みみをすます

あくびに
みみをすます

どこかでギターのつまびき
どこかでさらがわれる
どこかであいうえお
ざわめきのそこの
いまに
みみをすます

みみをすます
みちばたの
いしころに
みみをすます
かすかにうなる
コンピューターに
みみをすます

みみをすます
ひゃくねんまえの
いざりの
いのりに
みみをすます

みみをすます
せんねんまえの
いしころに
みみをすます

みみをすます
いちまんねんまえの
となりのひとに
みみをすます

みみをすます
じゅうまんねんまえの
こじかのなきごえに
ひゃくまんねんまえの
しだのそよぎに
せんまんねんまえの
なだれに
いちおくねんまえの
ほしのささやきに
いっちょうねんまえの
うちゅうのとどろきに
みみをすます

みみをすます
きょうへとながれこむ
あしたの
まだきこえない
おがわのせせらぎに
みみをすます

みみをすます
きのうの
あまだれに
みみをすます

みみをすます
いつから
つづいてきたともしれぬ
ひとびとの
あしおとに
みみをすます

みみをすます
めをつむり
みみをすます

みみをすます
ぽっくりのぽくぽく
ハイヒールのこっこつ
ながぐつのどたどた
あみあげのざっくざっく
ほうばのからんころん
ぞうりのぺたぺた
わらじのてくてく
モカシンのすたすた
きぐつのさくさく
わらぐつのさくさく
きぐつのことこと
なにがだれを
よんでいるのか
じぶんの

そうして
はだしのひたひた……
にまじる
へびのするする

このはの
かさこそ
きえかかる
ひのくすぶり
くらやみのおくの
みみなり

そのよるの
みずおとと
とびらのきしみ
ささやきと
わらいに
みみをすます
こだまする

おかあさんの
おとうさんの
しんぞうのおとに
みみをすます

くさをかるおと
てつをうつおと
きをけずるおと
ふえをふくおと
にくのにえるおと
さけをつぐおと
とをたたくおと
ひとりごと

みみをすます
しんでゆくきょうりゅうの
うめきに
みみをすます
かみなりにうたれ
もえあがるきの
さけびに
みみをすます
しおざいに
おともなく
ふりつもる
プランクトンに
みみをすます

うぶごえに
みみをすます
みしらぬくにの
ふるいうたに
みみをすます

うみをわたってきた
みみをすます

おじいさんの
とおいせき
おばあさんの
はたのひびき
たけやぶをわたるかぜと
そのかぜにのる
ああめんと
なんまいだ
しょうがっこうの
あしぶみおるがん
みみをすます

うったえるこえ
おしえるこえ
めいれいするこえ
こばむこえ
あざけるこえ
おだてるこえ
ねこなでごえ
ときのこえ
そして
おし
……

みみをすます

「みみをすます」を読んで，聴いて

・全体を通して，時がゆったりと流れて行く印象を受けた。
・やわらかな読後感であった。読むというより触るに近い。
・擬音のところが心地よくて，何回も読んでしまった。
・音に関しての詩だが，潮風の匂いや祖父母の家の優しい匂いまで感じた。
・正直に述べてしまうと，聞いていて眠くなる内容だった。

・昨日の雨がスタートとなり，詩の最中は静かな雨がずっと降っているような感じがした。

・普段，何気なく流れてる音を実際文字にすると，こんな音なのかと感じた。

・すべてひらがななのは，子どもでもよめるように，そして，私たちの始まりを感じさせるためだと思う。
・ひらがなで "呪い" や "きのこ雲" といった怖い言葉が書かれているので，そのギャップが心に刺さる。

・所々にある「そして」や「…」も気になった。これには何かメッセージがあるのか。
・『そしておし…』の続きには何が隠れているのだろう。
・頭でその画面が自然に浮かんだ。そこにいるという不思議な感じだった。第三者としてでなく，当事者な感じ。
・ふっと聞こえてきた音が，自分の記憶の中にある思い出と重なって，その状況が鮮明によみがえってきて，世界が突然色づくように感じた。

・昔は隣の部屋で母の話す声に耳をすませたり，カブトムシの歩く音に耳をすませていたなぁと思いだした。
・今はイヤホンで音楽を聴いたり，課題などで，日常の音を聴く余裕を失っていたが，日常の音をきくことにより，昔のように新鮮さを思い出せるのではないか。

・今，耳をすませば，家の近くを通る電車と踏切の音が聞こえるが，私の前にこの家に住んでいた人の生活音も聞こえるような気がしてきた。

・自分の周りにはなにも遮るものが無く，水面の上で何もせずたたずみ，目をつむって耳を澄ましているという状況を連想した。
現在，過去，未来という概念が存在せず，自分だけしかいない世界なのにもかかわらず，足音や生き物の声やかみなりなど，この世の様々な音だけが聞こえるというのを想像し，不思議な感覚にとらわれた。

・きっと浸かることで，自分は生きてるんだとか，自然の中に自分はいて，その一部なんだとか，様々なことが感じられてよい気持ちになれるんだろう。

・みみをすますことで，世の中に置いてある音を拾いあげていくことは，様々な積極的な働きかけのように感じた。

・心で聴く，心で見るという，耳だけではない物事のとらえ方があるのではないか。

・過去の人々の苦しみに耳を傾ける人がいて感動した。
歴史の教科書など読んでも，その時代の苦しみや泣く声について考えたことはなかった。

・誰かの声を聴くためにみみをすましているのではなく，自分自身の声にもみみをすましているのではないか。

・最初の方は色んな人の足音で，たくさんの人が生きていること，命の音が表現されているように感じたが，だんだんと生命が消えていくかのような苦しい叫びにもみみをすましはじめ，それでも当たり前のように朝が来る儚さも感じた。

・悲しさや憎しみに心が覆われていたとしても，どこかに平穏な状況があることが伝わってきた。

・一見壮大な詩にも思われたが，想像すら届かないほどに遠く漠然とした，有無も確かめないほどに遠いその声に，試しに想いを馳せてみると，例えば親や友，また自分，そういった限りなく身近と思われる声に耳を澄ませるときと同じような，決して同じではないのだけれど，何やら同じような，遠いようで近いような，近いようで遠いような，そういった感覚に襲われた。

・音にも輪郭のようなものがあるのだと感じた。やがてパッと割れてしまうのに虹色に反射して，綺麗なシャボン玉のよう。落ち込んだ時，周りの音も聞こえなくなってしまうような時があるが，目をつむれば私たちは色々なものに囲まれて生きているのだと，孤独ではないのだと感じさせてくれる。

・私はすべての音を聞く必要はないのではないかと思う。時には聞こえてくるひとつの声に集中して聞いてみることも大切なのではないか。

・１つ１つの音はきれいでも，重なりすぎると雑音となってしまう。でも雑音にはならず，きれいな音として表されている１つ１つを聞きとってほしいと願っていると思う。

・ずっと昔から今まで鳴る音は違えど，音が鳴り止んだことは一度もないんだなと思った。
・きこえない音に耳をすまそうとすることで，一歩先についても考えることができるかもしれない。

第1章

居場所を求めて

「福祉心理学入門」を，まずは子どもの声に「みみをすます」ことから始めてみたい。

かつて子どもだったことがない人はいない。子どもは誰もが経験しているはずのものである。大人になると，自分が子どもだったことをすっかり忘れてしまうことも珍しくないが，それでもどこかに何か残っているものがあるのが子どもの頃の体験ではないだろうか。誰しも自分自身と無縁ではありえないのが，子ども時代である。

「子ども」とともに，もう一つ，この章でキーワードにしたいのが「居場所」である。そして，「子どもの居場所」として，最初に学校という場をとりあげる。「学校」もまた，誰もがかかわりを持ってきた場所だと思うからだ。もちろん，学校が自分の居場所であったという人もあれば，全くそんなことはなかった，むしろ学校は苦痛な思い出しかないという人もいるだろう。ただ，例えば学校に行かなかった人でも，「学校」という場所に最初から全くかかわりがなかった人は稀かと思う。また行かなくなっても，心のどこかに学校という場が——良くも悪くも——ちらつく面はあるのではないだろうか。

「子どもの居場所」としては，学校よりも家庭を先にとりあげる方が自然かもしれない。ただ家庭は，本当に多様なものだが，学校という場には，ある程度共有されている光景があるのではないだろうか。つまり，自身の体験として，誰もが思い浮かべることができるであろうものとして，「学校」という場における子どもの声に耳を傾けることから出発したい。

子どもの「福祉的課題」と言うと，児童虐待や貧困の問題等がまず思い浮かぶ。そうした問題には，児童相談所や児童養護施設などの専門機関が大事な働きをしている。ただ，問題が困難なほど，そうした機関とすぐにつながることが難しい場合もある。学校にはそうした子どもたちも通っている。例えばそう

いったことで家庭が逼迫している時，学校は公的な機関として，子どもの「居場所」や，時には「最後の砦」になっていることもある。

　たくさんの子どもたちが過ごす学校は，多様な声が聞こえる場所である。その学校で，子どもたちはどんな思いを日々抱えながら生きているのだろう？どんな場が居場所と感じられているのだろうか？

1．小学校1年生の教室から

『レオくん』
（萩尾望都 著，小学館，2009年）

　萩尾望都の『レオくん』（2009）は，小学校1年生の教室が舞台の漫画である。主人公は猫のレオくん。近所の男の子タツルくんから小学校の話を聞いて，「自分も小学校に行ってみたい！」と思い通うことになった。その最初の1日目が描かれている。

　1時間めは国語の時間。みんなと一緒に音読をしながら，レオくんは眠くなり，あくびをすると，先生に「あくびをしてはいけませんよ」と注意される。“えっ？”となるレオくん。しばらくして，ボールを取り出して遊びだすと「教室で遊んではいけません」と言われてしまう。

　レオくんは自分が叱られていることは分かる。でも何を叱られているのかが分からない。算数の時間，先生に「青いおさかなのおはじきを4個並べてね」と言われて，赤いおさかなを並べ，先生に注意されると「でも金魚は赤いおさなかだから…」とつぶやく。レオくんにはレオくんの論理があるのだ。

　先生も一生懸命，その都度教えてくれる。でも「間違ってはいけませんよ」と繰り返される中で，レオくんのしっぽがなぜかパタンパタンと揺れる。

　そのうち，教室でひそひそ声が聞こえるようになる。「いけないんだよねー，いけないんだ」「だよねー」「ねー」…下を向くレオくん。

　一方，レオくんのすぐ後ろの席のヤマトちゃんという女の子は，レオくんのことが気になって仕方がない。その一挙手一投足を見ているが，レオくんが先

生に注意され，慌てておはじきの箱を落として，パシャーンとおはじきが散ら
ばっても，「私は手伝ってあげようかと思いましたけど，手伝いませんでした」，
時には「ほんとにバカなんです」「分からないなら手を挙げてはいけません」
などと内心思う。

　でも，レオくんがとうとう泣き出し，めぐみ先生に「お家に帰りたい？」と
問われた時には「えっ，帰っちゃうの？」と思う。

　小学校の教室という，誰もが経験したことのある場所にも，様々な声が響い
ている。レオくんは先生からも生徒からも注目の的のようだが，レオくんの心
の声は必ずしも先生の耳には届いていない。一方，はやしたてる子どもたちと，
レオくんを「バカなんです」と思うヤマトちゃんとレオくんの心は，それぞれ
表現の仕方は異なれど，目にみえないところで共鳴しているようでもある。

　「まちがってはいけない」と，どこかきゅうきゅうとしている子どもたち。
みんなが安心していられる場はどんな場なのだろう。レオくんはそうしたこと
を問題提起してくれているようでもある，そんな漫画だ。

　この作品を紹介すると，学生たちからは〝分かる分かる〟〝こういった子，
いたな〟など自身の小学校時代を想起し，懐かしさを抱くとともに，様々に当
時をたどる様子がうかがわれた。

・途中からものすごい息苦しさと拘束感を覚えた。
・先生に何度も叱られ，話しかけられるだけでビクっとしてしまうレオくんを見
　て，意見を聞いてくれる人がいないことの辛さがとても伝わってきた…。

・自分の当たり前が通用しなかった時，なんでという疑問を抱くことはもちろん，
　人は自分の殻に閉じこもると思う。「わかってもらえない」，その気持ちから自
　分自身を隠して人に合わせたり，人と関わることをやめたり，自分の居場所が
　なくなっていくのではないか。

あるいはこんな感想もあった。

・私はレオ君のように自分なりの論理を持つことはなかった。しかし，自分なり
　の論理を押し込んでしまう瞬間が，実はたくさんあったのかもしれない。

・レオくんは予定調和の世界を根本から壊していく存在で，私のクラスにレオく
　んがいたら，きっと迷惑に感じていたかもしれない。まわりの子ども達は悪気
　はなくてもレオくんを傷つけてしまっているように，私もそうだったのだろう
　と思った。

・自分が小学生の頃，支援級の生徒をさげずんだ目で見ていたこともあったと思
　うが，本当は人の前でいい子を演じ着飾っている自分にとって，思いのまま正
　直に生きている子が羨ましかったのではないか。

　レオくんの苦しさに身を寄せるとともに，自分はレオくんのようではなかっ
たけれど，自分の思いを押し込んでいたかもしれない，あるいは自分もレオく
んのような子を傷つけてしまっていたかもしれない，本当は羨ましかったのか
もしれない…。これらの気づきは，いずれも痛みを伴う。けれどもその痛みは，
かつての自分や同級生とつながる機縁をもたらしているようでもある。
　気づきはもちろん，辛いものだけではない。

・小学生のとき，クラスに少し変わっている子がいたことを思い出した。先生か
　らはよく怒られていたけど，お話してみればおもしろい子だった。時々暴れた
　り泣いたりして少しこわかったけど，今はとても良い人になっていて，その子
　は何であんな感じだったのだろうと思う。でも，その子は当時の担任が優しく
　してくれたことを覚えているらしく，助けられたと言っていた。周りの環境が
　その子を受け入れたことで，その子は成長できたのかな。

　大人になった今，先生の立場に思いを馳せ，先生の思いとレオくんの思い，
その両方に耳を傾けようとしたものもあった。

・子どもの頃はわかった気持ち，例えば久しぶりに会った親戚の大人に「最近学

校楽しい？」って聞かれても答えづらいこととか，どんどん忘れていってしまうなと最近思っていたので，先生が「どうして？」とレオくんに思ってしまうのもわかる気がした。

・自分も自身の立場からしか考えないことによって，知らないうちに他者を傷つけてしまっているのではないかとハッとさせられた。先生は先生の役割を果たすために優しく叱っていたと思うし，実際漫画の中の生徒からは好かれていたと思う。だけど，客観的に見ると，先生にはレオ君の気持ちを考えることが出来ていなかった。レオ君の表情や泣いていることから，レオ君の気持ちを察してあげてほしかった。

またレオくんからの"問題提起"には「間違っても大丈夫」ということがあったかもしれない，と私が話したことについては，こんな感想もあった。

・「間違っても大丈夫」，先生たちはそう言うけれど，間違えたときの周りの反応がとてつもなく怖い。間違えちゃったことばかりが頭に残って，その後の話が入ってこない。だから答えたくないが，答えないと関心意欲がないといわれる。大丈夫なんて嘘だ，私が勉強ができないから先生たちは私の回答が間違いという前提でこの言葉を言ってくる，といつしか思うようになった。この言葉かけが見当違いだと言うつもりは決してないが，プレッシャーに感じる人もいるよ〜と言うことは一応知ってもらいたい。

「そう感じる人もいるよ〜」という言い方の中に，これまでの彼女の苦しみと願いが込められているように感じられる。「間違っても大丈夫」は言葉かけとしてというよりも，そう思える雰囲気があるかということが大切なのだ，とあらためて思わされた。
　あるいは，こんな声もあった。

・間違えてはいけないと教えることこそが本当にまちがっていると，今の私なら思える。また思えて，私はほっとする。

　この安堵は，今までの自分も含めた今の自分を，どこか愛おしく思えるような，そんな感覚だったのかもしれない。

 ## 2．保健室で垣間見えるもの

　保健室は学校の中でも特別な場だ。熱が出たり，ケガをした時に行く保健室は，ケアする場であり，「明るく元気」ではない部分も出すことができる。成績で評価されたり，否定されるということもない。「学校で好きな場所アンケート」では，トイレと保健室がダントツなこともあると言う。

　そんな保健室では，子どもたちの様々な思いや境遇が垣間見えやすい。クラスで共に生活している時にはなかなか見えない顔がそこにはある。

　養護の先生は，子どもたちをどんな思いで迎え入れているのだろうか。

> 　「ウツっていうんですかね。何もする気が起こらないという子どもが増えてます。そんな時まず『ちゃんと寝てるの』と聞くのですが，『勉強が忙しくてあんまり寝てない。先生，寝させて』と保健室で2，3時間寝ていく子どもも少なくないです。中学校への受験がストレスになっているんだろうなぁと思いながらも，そういうことは言えないので，『寝ていき』『無理しないでね』と」。
> 　　　　　　　　　　　　　　　　　　　　　　　　　　　　　（山本，2012）

　あるいは，こんなことをおっしゃる先生もいる。

> 　「子どもらもね，私に何かを期待しているわけではないんですよ。ただのガス抜きだったり，担任や親への愚痴だったり。でも，そういうことを言える場所が学校にはない。『心のケア』なんて叫ばれていますけど，子どもらの話をただ聴いてやるだけで，子どもらは元気になっていったりもするんです」。
> 　　　　　　　　　　　　　　　　　　　　　　　　　　　　　（山本，2012）

　秋山（2016）の『ルポ保健室―子どもの貧困・虐待・性のリアル』では，保健室の何気ない会話の中でいかに子どもたちの今が見えるかが克明に記されている。例えば休み時間の保健室，ほかの生徒がいなくなったタイミングで女子

生徒が養護教諭に切り出したというこんな会話がある。

> Ａ：きょう疲れてるんだー。
> Ｂ：どうしたの？
> Ａ：昨日，ネットで知り合った20代の友達と電話して，いろいろ相談したら心揺れちゃってさ。
> Ｂ：えーっ，心配だよ，その人と会ったりしないか。
> Ａ：会わないよ。
> Ｂ：女の人？
> Ａ：男だよ。
> Ｂ：危険だよ。何かあったらどうするの。
> Ａ：どっかのビルに登って飛び降りれば終わりだよ。　　　　　　（秋山，2016）

　あるいは，背中にじんましんができてかゆいと来室した女子生徒はこんなことを語っている。

> 「下着のせいかもしれない。下着はお父さんが買ってくるんだ」
> 「私が寝るまで立ってみている」「家に帰ってくると，私にチューしてくる」
> 　先生が迷いながら〈チューって外国のあいさつみたいな感じかな〉と返してみると「あっ，はい」とその話を止めてしまったと言う。　　　（秋山，2016）

　あるいは次々にケガをしては保健室にやってくるムラカミくん（仮名）という中学生の男の子。

> 　「いま保健室によく来る人，他にいる？」と聞いてきて，「君がいまは１位だよ」と答えると，「やったー！１位維持しよっと」と無邪気に喜ぶ様子を見せたりするが，養護の先生はこんなことを教えてくれた。
> 　「脛のやけどは，お父さんのバイクの後部座席に乗ろうとしてマフラーにあたったと言ってるんですけど，本当かどうか。かなり範囲が広いんですよ。腕のあざも，転んだ話がちょっと不自然で，暴力を受けたのかもしれません」　　　　　　　　　　　　　　　　　　　　　　　　　（秋山，2016）

　ある日，ムラカミくんは保健室で欲しいものの話の流れから突然「お父さん家を出たんだよね」と語りだし，実の父親は物心つく前に別れて顔も知らない

こと，これまで何人も「お父さん」が変わってきたが，「この前までの人」は小学校中学年の時に突然家に現れたこと，最初は優しかったが，次第に自分や母親にイライラをぶつけるようになったこと，最近はまともに話もしていなかったこと等を話して一息つくと「いなくなってホッとした」と言う。

　ムラカミ君が帰った後，先生はこんなことも語られた。

> 　「ムラカミ君の目の前でハサミを取り出した時に，彼，不自然なくらいビクっとしたんです。気になって家庭科の先生に聞いたら，そういえば彼の裁縫箱にはハサミがないですって。過去に何かあって，ハサミが怖いんでしょうね」。
>
> (秋山，2016)

　養護教諭が日々キャッチしているのは，子どもたちの切実な SOS であることが伝わってくる。それをただ聞いていればよいのか。踏み込んでいかなければ取り返しのつかなくなるようなこともあるかもしれない。ただ，実際に動かなければ意味がないとするのも，何かとりこぼしているものがあるかとも思う。現実的な対応が必要な場合も，複雑でデリケートな事情がある。なかなか身動きはとれないとしても，ともかくもその声が発せられること。それを受けとめることは，何よりも重要ではないだろうか。保健室はそれが聞かれる大切な場だ。

　学生の保健室体験も様々である。

・小学生の時，保健室の掃除中に先生とお話することが好きだったのを思い出した。クラスは生徒にとっては 1 つの大きな社会なので，そこでは言えないことを少しそこから離れた保健室という場所では話すことができるのかなと思った。

・私が保健室にお世話になったことは人生で 1 度だけ。突然の高熱に見舞われたときと，あとは健康診断や友人の付き添いで行くくらいだった。今思えば，初めて保健室のベッドに寝かせてもらったとき，家にいるかのような安心感と疲労感が全身からあふれ出るような感覚に陥った。そこで初めて，自分が学校でどれくらい気を張って生活してきたのかがわかった。

・私は学生の時，しょっちゅう授業中に保健室に行く人を見て，「そんなに毎日体調が悪いなら休んだ方がいいんじゃないか」などと考えていた。でももしかしたら，その人は家や教室ではなく保健室が自分にとっての居場所になっていたのかもしれない。

・私は保健室という場所がとても嫌いだった。それは保健室に行くと名前を書かされ，自分がそこにいたことがバレてしまうからだ。しかし人によっては大切な場所だと思う。私にとってはそうでなかっただけなのだなぁと思った。

　もちろん，保健室に行くことができさえすれば，それでいいということでもない。

・私自身，辛い時保健室に行ったことを思い出した。保健室に熱を測りに行くことはできても，そこから自分の話を伝えるのはとても勇気が必要だ。その時の雰囲気や，別の生徒がいないか，先生が忙しそうでないかなど，何か話したいと思っている生徒はいろいろなことを気にしながら保健室に来ているのだと思う。

　あるいは，こんな感想もあった。

・自分から相談できる子，話を切り出すことのできる子は，保健室という心が休まる場所を見つけられるのかもしれないけれど，そうでない子も大勢いるのではないか。

・普段何気ない顔をしていても，みんなの知らないところで大きな痛みや悩みを抱えている子が世の中にはどれくらいいるのだろう。

・言いづらい，隠したいけれど助けて欲しい，心のよりどころが欲しいといった見えにくい SOS は，目に見える，発信されているものよりも悲痛で深刻なのかもしれない。と同時に，問題の深刻さは一概には決められず，それぞれ感じ方も抱え方も違うのだということを忘れてはいけないとも思った。

　本当にそうだ…。見えにくい SOS の辛さに想いを馳せることが大切なのは
もちろんだが，それとともに，辛さに軽重があるように思うと，何か大事なと
ころを捉えそこねている可能性がある。

　見知っていたはずの学校に，自分の知らない世界が，思いが，こんなにあっ
たんだという気づき。驚きや悔しさ。今なら共感できることもある。そういっ
た思いから，"まずは知らないと"という思いが生まれてきているようだった。

3．学校と家の間

　学校の教室と保健室をみてきたが，そのどちらにも居場所を見つけられず，
学校に行きづらくなる子もいる。そんな子の受け皿の一つとして，適応指導教
室というものがある。

　適応指導教室とは，不登校児童・生徒の居場所として，市町村の教育委員会
が設置している施設のことである。学校に行っていない間も学習の機会を保障
するという意味もあるが，「学校」に行くことが苦しい，でもずっと「家」に
いるのも辛い，そんな時，「学校」と「家」の間に，もう一つ別の場所がある
ことで息がつけることがある。対象は小中学生。異なる年齢の子どもたちと，
様々な大人のスタッフに守られた，ゆっくりとした育ちの場であり，「子ども
の居場所」について，大切なことを教えてくれる場でもある。

　その規模や雰囲気は教室により様々であるが，学校の時間割に比べ，緩やか
で，何をするかは子どもたちに委ねられていることが多い。とても自由で羨ま
しい感じもするが，これは実はとても大変なことでもあると，適応指導教室の
スタッフである皆藤（2005）はこんなことを述べている。

> 　小さいとはいえ集団である。ひとりずつ大人がついてくれているわけでは
> ない。人の中を自分の力で泳ぎ，自分の位置を定めねばならない。不登校の
> 子はこれが苦手である。学校で言えば授業中より休み時間が苦痛なのである。
> だから，プログラムはないが彼らは自分自身の最大の課題に日々取り組んで
> いるとも言える。
> 　　　　　　　　　　　　　　　　　　　　　　　　　　　　（皆藤，2005）

　プログラムがほとんどない，自由な時間の中で，子どもたちは様々な姿をみせる。食事の場面では例えばこんな様子がある。

> 　母の手作り弁当がうれしい子がいる。それを拒否する子もいる。今までは弁当を何の疑問もなく持参していた子が，まわりの子の様子をみて急に自分を幼稚に思うことがある。反対に弁当を持ってきたくても作ってもらえない子がいる。スタッフのおかずをねだる子。ひどい偏食の子。子どもの性格や，発達，親との関係がそこから垣間見える。また，人前では食べられない子や，逆に食事のときだけ皆の輪に入れる子。初めは別室でしか食べられなかったのに徐々に近づいてきて数か月後に同じテーブルにつけた子。教室に入ったばかりの頃にここへの期待の大きさを示しているのか，食べきれないほどの大盛りを頼んでいた子…。
>
> （皆藤，2005）

　この皆藤の働く適応指導教室で自然発生的に生まれた活動に，有志メンバーで行う「お昼ごはんづくり」があると言う。買い物，調理，後片づけといった活動ではこんな様子が描写されている。

> 　母親への反発を口にしていた子が，主婦の視点で野菜選びができる。また，豚汁の具が我が家と違うと文句を言う。言葉少なな6年生の男子が，重たい買い物袋をもってくれる。じゃんけんで買い物袋を代わりばんこで持つ遊びにはしゃぐ中学生の女の子。そして，調理や茶わん洗いなどの共同の手作業はいい。大人と子ども，子どもと子どもの自然な関わりが生まれる。スタッフが茶わんを洗い，横でそれを子どもが拭いている。2人とも黙々と一枚一枚……口が暇である。すると，子どもからふっと大事な話が出る。それは母子関係を示す夢であったり，昨日久しぶりに登校した時級友に言われた言葉であったりする。
>
> （皆藤，2005）

学生からは，こんな感想があった。

・みんなで料理をつくるという活動はとても楽しそうだと思った。少しずつ完成していく様子やいい匂いなど，気持ちがあったかくなる感じがした。
・私もお母さんと一緒に料理を作っている時に学校の話をしたり，ほめてもらって嬉しかった経験を思い出した。

・小学校で毎日ウィンナーと卵焼き，冷凍のハンバーグのお弁当の子がいて，中身をふたで隠すようにして食べていた。もしも学校の雰囲気がX教室のような見守る空気だったら，そのように恥ずかしがったり後ろめたさを持つことはなかった（または減った）のかな。

・何もプログラムがないからこそ，何気ない会話を重ねることや「食」を通して，その子の抱える問題や隠れた一面を見つけることができるのだとわかった。

・学童を思い出した。参加してもしなくてもいいというのが良い。それを保障するには，参加しない子を責めない雰囲気が，いい意味で個人が独立していて他人に興味がない空気感も必要なのかもしれない。

・大人になっても"人の中を自分の力で泳ぎ，自分の位置を定める"ことはとても難しい。本人の生育歴は大きく関係してくるだろう。しかし，そういうことを飛び越えて"食べる"という行為と環境が，小さな小さな網み目のようにつながりをもたせてくれることに感動した。

　確かに生育歴は見過ごすことはできないものではあるが，「そういうことを飛び越えて」という表現はおもしろい。
　皆藤（2005）の濃やかなまなざしと，この教室の場の雰囲気に誘われてか，学生からの感想にも，何かあたたかいものが流れているように思われた。こうしたあたたかさは，居場所に必須のものと言えるのではないだろうか。

 ## 4．様々な「貧困」

　適応指導教室とは設立の背景や目的が異なるが，近年様々な形で開かれるようになった「子ども食堂」は，子どものお腹を満たすのみならず，「食」によって，人とのつながりが紡がれる点や子どもの居場所になりうる点で，前節で紹介した適応指導教室の風景とも通じるものがあると言えるだろう。

　先の文章から子ども食堂でのボランティア体験を連想した学生もあった。

・子ども食堂などで学習ボランティアの経験があるが，一番は「他人」だから聞
　く，聞けることもある。ボランティアは家族と他人の間で，他人だからという
　部分もあるし，他人だけど，と言えることも多い。それってちょうどいいと思
　う。

　子ども食堂とは，十分な食事をとれていない子どもたちを主な対象に，無料
あるいは低料金で食事を提供する催しである。公園で「おばさん，パン買って
くれない？」という子。子ども食堂の日誌に「もしもご飯をおかわりや大盛に
できたらうれしいです」と記す子もいる（湯浅，2017）。
　そう言えば…というように，こんなことを思い出した学生もあった。

・飲食店の勤務先で，家族連れの食い逃げがあった。もしかすると本当はお金が
　なくて，でも子どもには食べさせてあげたくて仕方なくやったことなのかもし
　れない。

　しかし，今の日本に貧困の問題があるということは，実感しづらいという学
生も少なくない。

・日本は他の国に比べたら貧富の差が顕著ではなく，ホームレスもあまり目につ
　かないし，スラム街のようなものもない。しかし顕著でないからこそ言い出せ
　ない，我慢しなきゃいけない立場の人間が多くいることが分かった。さらに，
　それが私たちと同年代の子どもたちとなると，身近なことに感じ，同情しても
　どうにもならないことではあるが，やはりそのような感情を抱いた。

　「同情してもどうにもならないことではあるが，やはり」というのは，今の
素直な心情なのだろう。どうにもならないし，そういうことでもないかもしれ
ないというためらいと，でもそう思ってしまうのはなぜだろう？といったよう
な，何か座りの悪い感じが残る。この感触を感じていることが，とても大切な

ようにも思う。

　しかし，「貧困」は遠いことのようで，実は意外に身近なことでもある。

　遺児への奨学金の貸し出しなど経済的な援助を行っている「あしなが育英会」に寄せられた，以下のような高校生の声（湯浅，2017）を紹介した時には，こんな感想も出てきた。

「自分が早くじりつできたらと，なんどもふさぎこんだ」
「手をさしのべられると，ふりはらってしまう自分がいる。私は，こんな自分を好きになれないでいる」
「塾に行くことを諦めなければいけませんでした」
「金額をみてあきらめたりすることが多い」
「けれど誰にも話せない。誰もわかってくれない」
「いつも一人でいる。学校でも一人ぼっちでいる」
　　　　　　　　　　　　　　　　　　　　　　　　　（湯浅，2017）

・世の中はとても不公平だと思う。お金がないと心にも余裕がなくなる。だけどこの貧困サイクルから抜け出したいから，進学を，成功を，手に入れたい！と思うのだと思う。その可能性に賭けるしかないのです。

　学生の中にも，実はそうした切実な声はある。それは，自分の隣に座っている人が，いつも一緒にいる友人が，もしかしたらそうだったかもしれないということでもあるだろう。そうした声に接して"考えたこともなかった"と，恥じるように複雑な気持ちを述べたり，自分の境遇をあらためてふりかえった学生もいた。

　あるいはこんな声もあった。

・児童養護施設の学生（注：次段落で紹介）に比べれば，私はあまりにも恵まれているが，進学は「自分がやりたい」という純粋な気持ちがあったわけではなく，教育に熱心な親に対する義務であった様に感じる。成果よりも努力していると思われることが重要だったのかもしれない。

・お金はあって夢もあるが，それを親に言い出せない。なぜなら親には親の「幸せ」や「正しい選択」があるから。親といえど自分とは違う人間であるはずなのに，親によって自分の人生の進むべき道が絞られるというのは，どの家庭にいる人も苦しむものである。

　確かに「貧困」はお金のことだけでもないだろう。世の中には「見えない貧困」というものもある。「自分には『努力する』というエンジンが備わっていない」という，児童養護施設で暮らした大学生は，あるスピーチでこんなことを述べている。

> 　「本当は，クラスメイトのように，『進学したい，何かになりたい，あれをやりたい』，そんな純粋な気持ちをまるっきりそのままだけで叶えられるような生活をしたかった。
> 　私にそれができなかったのは，ただただ私の責任ですが，この『努力できない人間』を『頑張ることで成功体験を得られなかった人間』を，どうか再生産させてください。初めから報われる可能性がないと思い込んでいるから，努力することを思いつきすらしないだけなんです」　　　　　（湯浅，2017）

　この回には，あふれるような思いを書いた学生もいた。

・すごく恥ずかしいが，まるで全部私に矛先が向かってきてぐさっと刺された感覚があった。私は貧困の定義を「溜め」のない状態だと定義づけている。お金の溜めや愛情の溜め，，，これらが欠落すると貧困状態になると考えている。ただ，全てのジャンルの溜めがある人なんていると思う。だからこそ一番怖いと感じているのが，自分に溜がないということに気づくことができていないという心に余裕がない人が，どのような道に進んでいくかということだ。
　わかっているんです。自分には居場所は多分ないし，「信頼できる」友達も，相談できる大人もいない。ただただその子しかいないから藁にすがるようにその子といる。趣味も特技もない。だから自分を守る武器もない。
　ただ，私は表に出ると明るい性格だねと言われる。それにお金はあるし，衣食住困ったことはない。恵まれた環境で育ってきている。失敗もあったけど，私

の人生を客観視すると何も困ることのない道を着々と歩いている。

だから私は貧困状態じゃない。そうずっと思っている。自分の歩いている道は平均台よりも不安定なのに。でも勉強していけばいくほど，これは貧困状態と言えるのに，認めるのが怖い。

ずっと感じていた「怖さ」を書かずにはいられなかったようで，「初めて自分の本当の気持ちを言葉に起こした証として提出させてください」と書き添えられていた。

また先のスピーチの中に出てきたような「頑張れない人」に対して，実は自分が思っていたことを突き付けられたように感じたという，こんな感想もあった。

・心をえぐられるような感覚になった。私は部活のみんなに受け入れてもらって，人生変えてもらったのに。「ただただ私の責任ですが」から始まる言葉の中に，「努力することを思いつきすらしない」という言葉があった。自分がしてきたことと重なって，はっとした。私は，自分がしてもらったようにみんなを受け入れようと思っていた。でも心のどこかで，何か達成できない人は，「頑張りきってないから」「本当に達成したいと思ってないから」って決めつけていた。なんでやらないんだろう。って。心の中にとどめておくもので，外には出さなかったけど。でもみんなは，その「なんでだろう」って壁をぶち破って，私を思いきり抱き締めてくれて。救ってくれて。自分がやっていたことに気づいて，苦しく，悲しく，後悔っていうか，悲観的な感情になった。でも今の私は，この感情をも受けいれようと思った。

　2人とも，表には出さず，気づかれないようにしてきたけれど，心のどこかにくすぶっていた，引っかかっていた何かがあったのか。自分自身でも気づかぬふりをして，気づくのは怖いことのようでもあったが，でもそれは，本当はどこかで気づきたかった，むしろ認めたかったことなのかもしれない。

　「この感情をも受け入れようと思った」とあるが，ここで「受け入れる」とは，それが望ましいと思うように変わったからというよりも，自分の今の気持

ちをそのまま許すということのように感じられる。それは今の自分の心の居る
場を自分で持てるということではないだろうか。

　抱えていた思いを「初めてこのように書き記す」時，あるいは「この感情を
も受け入れようと思う」時とは，もうすでに，恐れていたことから少し解き放
たれている時なのかもしれない。

5．街角で，SNSで

　子どもや若者の「居場所」は，もちろん学校や家に限られるものではない。
どこにも持っていきようもない思いを抱え，居場所を求めて，街をさまよい，
あるいはSNSにその心情が吐露されることもある。

　NHKスペシャル「＃失踪―若者行方不明3万人」（2018年4月7日放送）
は，SNS上に裏アカをいくつも持ち，親や友達さえ知らない"匿名"で「本
当の自分」をさらけ出し，見ず知らずの人とも簡単に接点を持っていく新たな
失踪空間があることを紹介している。

　「もうだめ。さみしい。つらい。出ていきたい」「誰か泊めてください。お願
いします」これに対して「泊めてあげるよ。どこにいるのかな？」という応答
がすぐに出てくると言う。

　こうした少女たちにSNSで相談に乗っている支援者団体のある女性は「待
つしかない」と語っている。

　「だって本来は家族に守られるべき，心配されるべき年代でしょ。でもそ
れをしてもらえないんだから，大人なんて信用するわけがない」
　「もうあの子たちの中で大事な一部なわけだから。ネットっていうのは。
それが唯一の救いなわけでしょ。彼女たちにとってはそれが命よりも大事
なものだから。それは分かろうとしなければいけないなと」
　「だって誰なら気づいてくれるのと思って，探してさまよってるんですよ，
彼女たちは。居場所を。切ない話ですよね」

（NHKスペシャル，2018年4月7日放送）

　学生の間でも，SNS が居場所になるのならよいではないかという意見と，やはり怖さがあるので注意が必要という意見，しかしそもそも SNS が怖い場所になるのは大人の問題ではないかといった意見等があった。

・本来であれば自分の素をさらけ出せるはずの家が自分を偽らなければならない苦しみの場所になってしまっているのかな。
・本音に対して何かリアクションしてもらいたいというよりは，今の状況から違う空気が吸えるところに行きたいのかなとふと思った。

・ネットが普及している今，NPO や貧困の支援を行っている団体，カウンセラーの情報はいくらでも出てくるはず。それなのに彼女たちがそこに行こうとしないのは，そこに行ってしまったら，助けられている自分，自分で乗り越えられなかった自分を認めなければならないから。"聞いてほしいけど言いたくないし，弱いとは思われたくない"。こういった気持ちが"失踪"につながってしまうのではないか。

・SNS で助けを求めることで自分の存在を確かにしたいのかなと思った。SNS でも消えてしまうと，世の中から自分の存在が消えてしまうことが怖く，また誰かとつながりたいための手段として SNS を利用していると思った。

　とはいえ，さまよう若者たちが集まる場は SNS だけというわけではない。田原（2017）は『人間の居場所』という著書で「社会が皺ひとつ見えない人工的な明るさに照らされれば照らされるほど，人は生身の不完全さとリアルな純情を本能的に求めてしまう」と述べ，秋葉原にある AKB48 劇場を挙げ，その場を「共犯者たちの秘密基地」と呼んでいる。

　AKB と言えば華やかなアイドルグループという印象が強いが，少なくとも初期のメンバーは，自らのダークサイドを隠そうともせず，またほかのアイドルグループと AKB を峻別したのは，彼女たちを推す"ヲタ"たちの存在であったと言う。田原（2017）は，AKB が成功した秘訣は，劇場という空間を用意した点にあり，そこには「世間から隠れた，しかし匿名ではない生身の関係

性だけが持つスリル」があり，そこは「世間に背を向けた窮民たちが，唯一，人としての自己を回復できる空間でもあった」と述べている。

　AKB が世間に認知される以前の曲にはいくつかの「怨歌」があり，3作目の「軽蔑していた愛情」では，こんなことが歌われている。

> テレビのニュースが伝える／匿名で守られた悲劇も／
> 携帯のメールを打ちながら／絵文字のような日常／
> 大人は訳知り顔して／動機を探しているけど／
> ピント外れたその分析は／笑えないギャグみたい／
> 偏差値次第の階級で／未来が決められている／
> もう頑張っても／どうしようもないこと／ずいぶん前に／
> 気づいただけ／私たち　　　　　　　（AKB48「軽蔑していた愛情」）

あるいは同じく初期には「涙売りの少女」という，こんな歌もある。

> この世の片隅で／誰にも忘れられて／雑誌で見た／
> 街を一人／泳いでいる回遊魚／
> 学校はつまらない／苛立つ息苦しさ（中略）
> もしも何か夢があれば／全力で走れるのに／
> 今いる場所もその未来の／地図もない　　　（AKB48「涙売りの少女」）

・歌詞を読んで，楽しく明るいイメージのアイドルとは違い，等身大の，今を懸命に生きる人間から発せられる言葉だなと思った。それが，オタク達の心をつかむのにも納得した。
・自分の居場所はここしかないというような，秘密と闇と，強い覚悟のようなものを感じた。

・痛烈に訴えかけてくる言葉に耳をふさぎたくなるような感覚も生じる一方で，惹きつけられるような共感を抱いてしまう歌詞だった。若者や少数（潜在的には多数かもしれない）の人の訴えは，強烈だからこそ，醜さも全てさらけ出すからこそ，なかなか見向きもしてもらえないディレンマがあるのではないか。

・AKB は正直全く興味はないが，オタクという存在は知っている自分がいる。オタクはそれだけ影響力のある存在なのに，偏見や差別的な視点によって社会から排除されている現実にある。私は本当は尊敬されるべき存在なのではないかと思っている。

・多くの人は匿名で生きられる SNS を居場所とする一方で，やはり匿名ではない生身の関係性を求めているんだなと感じた。
・私の秘密基地はどこにあるのだろう。

　ふと浮かんだ，つぶやきのような問い。その波紋はどのように広がっていくだろう。
　こんな意見もあった。

・若者はそれぞれ生きづらいなと感じる場面はあると思うけど，それを自分から誰かに相談しようという気にならない人は，今の世の中多いと思う。つらいことを我慢するのが正しい，自分で解決することが必要と，何となくそう教えられてはいないけれど，そうやって生きていかなければならないという意識を持っている若者が多いと思う。

　これは先の「相談すると，弱い自分を認めることになるから相談できない」「弱いとは思われたくない」という感想とも通じているだろう。

・大人の「ピント外れたその分析」からは，大人が多様な子ども，若者の声に「耳を傾ける」ことをせずに，その挙句全く的外れの結論に至ってしまうということを的確に指摘している。決めつけることをせずに真摯に若者の発言に耳を傾けていけば，子ども，若者が，信じられない家族，大人から「匿名」の空間に逃げて本音をさらけ出すということは減るはずだ。結局匿名に逃げてしまうのは，「名を持った自分」を大人（周囲の人）が認めてくれないからなのだと思った。

　冷静でしごく全うな意見であり，大人がきちんと受けとめるべき言葉だと思う。一方でこの感想は，ただ大人が「～をしてくれない」ことだけを言っているわけでもなさそうだ。大人たちの姿をシビアにみつめ，それを踏まえた上で，自分はどのように生きていくかにまなざしが向けられているようにも感じる。このような声を真っすぐに出せること，そこにこちらも真っ直ぐ耳を傾けなければと思う。

6. ひきこもることの意味

　これまで子どもや若者の居場所として，学校の教室や保健室，街角やSNS等をみてきた。では，そのどこにも所属することも，居ることもできない子どもや若者はどうだろうか。

　学校には行くことが当たり前，卒業すれば働くことが当然とされる見方からすれば，不登校やひきこもりは「解消すべき問題」である。しかし，家にこもることはそんなに悪いことなのだろうか？

　不登校やひきこもりにも，それはそれの意味がある面もある。精神科医であり臨床心理学者である山中（1978）は，多くの不登校児との出会いから，思春期の子どもたちが内にこもることを〈さなぎの時期〉と呼び，その「こもり」をできる限り保障することの大切さを指摘している。

　そもそも思春期とは，親への反抗，自身への違和感，周囲の目が気になる等，これまで「なじみ」だったものをを問い直す時期であり，「大人」になるとは，いわば「子どもとしての自分」が一度死んで，「大人」として生まれるということでもある。そうした疾風怒濤の時期から身を守るために，いったん「こもる」子もいる。「さなぎ」は，傍目ではただじっとして，何もしていないようにみえるが，その内側では，「毛虫」が「チョウチョウ」へと姿かたちを変えるくらいの大きな変化をするための「仕事」をしている時期である。チョウチョになるまで待たず，さなぎを突いたり，無理にこじあけて外に出そうとしてしまえば，さなぎは文字通り死んでしまう。

　また「ひきこもり支援」というと，ともすればいかにして「社会復帰」を目

指すかが考えられるが，社会復帰ができさえすればよいのか？という問題も考える必要があるだろう。そもそもひきこもりの背景には，外側からみえにくい若者の生きづらさや，「個人責任」が大きすぎて，それに疲れはててのものなどがある。現在の社会の在り方がひきこもりをつくっているところはありはしないか。求められるのは，「ひきこもっている人を『ふつうの人』の世界に引き戻す支援ではなくて，新しい世界をいっしょに創っていくような支援」（村澤，2017）ではないだろうか。

　新型コロナによるオンライン授業では，好むと好まざるとにかかわらず，みながいわば「ひきこもる」状態になったが，それまでは「授業を受けている」ということは，その時点でいわゆる「ひきこもり」ではない。ひきこもりは，学生たちにとっては，これまでのテーマに比べて未知のものでもあったようだ。

・学校に通うこと，決められた場所に行くことが当たり前になってしまっていて，ひきこもりを良いかどうかを考えたことがなかった。
・小学校の頃，仲の良かった友達がしばらく学校に来なかった時のことを思い出し，当時，何もできなかった，いや，何もしようとせず，ある種無視をしていた自分が恥ずかしくなった。

　話を聴く中で，ひきこもる人に思いを馳せ，また今の社会の在り様に言及する感想もあった。

・ひきこもるというのは，自分の心と丁寧に向き合う一つの手段なのではないか。
・日本はひきこもりの人に対して冷たい社会であると感じた。外に出て人と関わり生きていくのが普通だという考えは，苦手な人にとってはすごく酷な考え方だ。私は人と関わるのが好きだから，関わることが苦手な人の気持ちを一度は考えてから物を話す事が大切だと思った。
・最近「ひきこもり」という言葉が安易に使われすぎている。単純に休みの日などに家にいることの多い人が「私ひきこもりだから〜」と発言しているのをよく見る。このようなことが起きると，本当にひきこもりで苦しんでいる人の問題が軽視されていくのではないか。

一方，こんな声もあった。

・私は「学校に行くこと」より「学校を休むこと」の方がエネルギーが必要だった。家にいても学校の象徴（ランドセル，教科書，母が用意してくれたハンカチなど）が常にそばにあって，その用途を果たしていないのを見るのが苦痛だった。理由は様々だと思うけれど，原因となった何かがあるはずで，その原因が社会に紛れて正常として受け入れられているのであれば，ひきこもりよりも，そちらの方に対策が必要であると思う。

あるいはこんな声もあった。

・不登校の声に関して，物事を多面的に見れる特徴があり，感情が敏感だということが分かった。確かに人はそれぞれの性格があり個性がある。しかし私は人に言われるほどのポジティブな人間で自分に自信があるが，私も私の友人も毎日毎日いいことばかりではない。どちらかというと辛いことの方が圧倒的に多い。常に壁にぶつかり続け挫折し，何度だって心が折れてきた。しかしそれを乗り越える姿，努力する姿を必ず誰かが見てくれているためまた頑張ろうと思い，次の壁に挑む。そうやって人は成長していくと今までの人生で学んだ。だから正直に言うと腹が立つ。愚痴みたいな感じになってすみません。

　まずは正直に書いてくれてよかったと思った。不登校やひきこもりにも意味があるという視点も，あくまで一つの視点であって，それを紹介したら，それに賛同する声しか出ないとすれば，それもまたおかしなことだ。この学生は，本当にこれまで一生懸命やってきたのだろうし，学校に行くことの方が労力がいることもあるだろう。不登校にもまた意味があると考えてみることは，学校を休むことなく壁に挑んできた人のこれまでの努力を認めないということでは決してない。それでも一方を是とすると，もう一方は認められないような気がしてしまうのはよくあることのようにも思う。それは一体なぜなのだろう。

　発達障害という障害を抱え，約20年間，外に出られないたかやさん（40歳）

という男性はこんな詩を書かれている（朝日新聞2019年9月30日朝刊掲載）。

> ふつう
>
> みんながぼくらにいってくる
> 「ふつうになれ」っていってくる
> ぼくらは「ふつう」になれないのに
> 「ふつう」というギプスのせいで
> ぼくらはいっぱいきずついて
> ひとりぼっちでないてきた
> 「かわれ」「かわれ」ってみんながさ
> ぼくらにいってくるけどさ
> ほんとにかわらなきゃいけないのは
> ほんとにぼくらのほうなの？　　　　（たかや「ふつう」より一部抜粋）

あるいはこんな詩もある。

> イスをください
>
> あなたのイスをくれませんか
> 座っているイスをくれませんか
> 代わりに私の立っている処をあげましょう
> そうすれば私の見ている景色が
> あなたにもきっと見えるでしょう
> 暗くて冷たい私の景色が
> あなたのイスをくれませんか
> 居心地のよさそうなそのイスを　　　（たかや「イスをください」より一部抜粋）

・「ふつう」という言葉はとても恐ろしいと思った。私もふつうではないのかなと自分で感じる部分があり，劣等感を抱いてしまうことがある。でもやはり，それは私が悪いわけではないのだなとあらためて思うことができた。

・私も友達に囲まれていつも幸せそうに笑っている人と何度入れ替わりたいと願ったことか。その人も私には分からない悩みを抱えているのかもしれない。し

かし自分が辛い時は他の人のことなんて考えられないし，自分が一番辛いと思ってしまうから，そう願うことはしょうがないと思う。

・ひきこもっている人全員がそうというわけではないが，本当は人とのつながりを強く求めているからこそ，それが上手くいかないこと，できないことに傷ついて心を閉ざしてしまうのではないか。「別にもういいや」って完全に割り切ってしまうことができなくて，本当は誰よりも居場所とか良好な人間関係を切望しているからこそ，家の中という守られた環境に逃避してしまう側面もあるのではないか。

「切望」が「希望」に変わっていくにはどんな道があるのだろう。

・「イスをください」からは，居場所がないということの辛さと同時に，居場所がない人は負け組だといわれているような感覚も伝わってきた。もちろん，一人ひとりにとって安心していられる居場所は必要だとは思うが，一方で，居場所，居場所と言われるほど，「自分の居場所はここです」と示せるようなものがなければいけないと言われているような気もして，それって違うのではないかなと思った。そのような風潮が，より人々に「居場所」というものを求めさせる面もあるような気がする…。

「ふつう」という言葉は本当に難しい。そしてしばしば，私たちが縛られてしまう言葉でもある。しかしこの学生のように「それって違うのではないか」と言えること，そのことこそが，私が私の居場所を自ら作ることと言えるのかもしれない。
　こんな感想もあった。

・ひきこもっている人が世間からの風当たりが強いのはしょうがないことだと思う。なぜなら，働きたくない，学校に行きたくない，ダラダラしていたい，人間関係にうんざりするという思いを抱えながらも，それを抑えて生活している人が多いと思うからだ。そのためひきこもっている人を羨ましい，ずるい，弱

いと思ってしまうのだと思う。

　しかし私は逃げることができるのもすごいと思う。私もそうだが，多くの人は逃げる勇気がない。だから羨ましい。ひきこもりも自分を守る正当防衛のようなものだと思う。もちろん，それによって迷惑をかけることも事実なので肯定する気はない。でも否定する気もない。逃げたい気持ちを我慢して社会に出ている人，勇気をもって自分を傷つける環境から逃げた人，どちらも偉いと私は思った。

痛みによって，自分とつながり，他者とつながる

　第1章では，小学校の教室から始まり，様々な局面で子どもや若者が居場所を求める声を聴き，それらに共鳴する学生たちの声を紹介してきた。そこには，きゅうきゅうとしながら切実に居場所を希求する気持ちや，生きづらさがにじみ出ていた。居場所という時，"自分のありのままを受けとめてくれる場があれば"ということはよく言われる。それは確かにそうなのだが，居場所は誰かが一方的に提供してくれるものというわけではない。居場所を自ら見出していく過程とはどのようなものか，その一端が，彼らの感想からは垣間見えてきたように思う。

　様々な声を聴いて，"私も同じだ…！"と思い，"自分一人ではなかった"という安心感を得る。「ふつう」という観念によって押し込められている声に出会って，"そうか，私もそれに苦しんでいたかもしれない"と思う。あるいは，"今の私ならこう思える"という感覚に気づいて，どこかほっと息をつく。こうした様子に，なるほど，居場所というのはこのようにして見出すことができるのか，と私自身目がひらかれるようだった。

　自分が知らなかった状況や思いを知ることには痛みが伴う。あるいは，悔しい，恥ずかしい気持ちになったり，グサリと刺されたような思いがしたり，心は様々に揺れ動く。

　傍目にはそう見えなくても，人知れぬ苦しみを抱えている人もいる。それはあまり言いたくはないことだったり，人には認めてもらいにくいことだったり

する。そうした気づかれにくい他者の苦しみに気づくことは，自分の苦しみを認めることでもある。

　ひきこもりをとりあげた回には，こんな感想もあった。

・全ての人が各々それぞれの悩みや問題を抱えていて，全員に当てはまる良いことや悪いことがないということを全員が認識することで，引きこもりに対するイメージが変わってくるのではないか。また，それぞれがお互いを認識し合おうとすることで解決できるというのはあまりにも単純すぎる考え方で，その煩わしさを避けてしまう部分も正直に振り返ってみるとあったなと感じる。

　確かにいろんな立場や思いを認めることは大切ではあるが，煩わしい。どちらが良いと言える方が簡単で楽だ。しかし，実はその楽さが逆に自分たちの苦しみになっているところもあるのかもしれない。

　時に「煩わしい」ことでもあるけれど，その「煩わしさから逃げていたことも」正直に認めながら，様々な立場を，あるいは自分を，許せるようになる，受け入れられるようになること。それは自分にとっての救いでもあり，そのようにして救われたと感じて心が柔らかくなることが，また他者とのつながりになり，他者を支えることにも通じていく。

　痛みによって，自分とつながり，他者とつながる。そのようにして自身の落ち着きどころ——つまりは居場所——がひらかれてゆく。そんな道もあるのかもしれない。

第2章

生の語りに触れる

第1章では「居場所」をキーワードに，様々な子どもや若者たちの声を聴いてきた。この章では，もう一歩，それぞれの「声」に踏み込んで，その内実につぶさに触れてみたい。

第1章でとりあげたテーマは身近なもので，自分はそうでなかったとしても，そういうこともありえたと思えたり，あるいは自分の内にある気づいていなかった気持ちとの出会いとなるようなものが多かった。

この章でとりあげる"障害"というものは，誰にとっても身近なものでは必ずしもないかもしれない。いや，身近ではないという点こそ問題とも言えるが——この点については第3章であらためて考えていく——ともあれ，端的によく知らず，いわば未知のものであることが多いテーマなのではないだろうか。そこにフラットに耳を傾けてみたら，どんな声に出会えるだろう。

1．『自閉症の僕が跳びはねる理由』の著者・東田直樹さんの言葉から

> 僕は，22歳の自閉症者です。人と会話することができません。
> 僕の口から出る言葉は，奇声や雄叫び，意味のないひとりごとです。普段している「こだわり行動」や跳びはねる姿からは，僕がこんな文章を書くとは，誰にも想像できないでしょう。
> みんなから見れば，自閉症者の言動は謎だらけで，奇妙にさえ感じるかもしれません。この社会の中に，僕の居場所はないのです。まるで，広い海の中に浮かんでいる小舟のように，この世界を漂っています。
> 特に困っているのは，本当の自分をわかってもらえないことです。（中略）
> 啓発活動をしている人は，障害の理解を広めれば，誰もが暮らしやすい社会がつくれると考えています。しかし，人の心は複雑にできています。理解

　できたからといって，協力するとは限りません。正しさがいつも，世の中を動かすわけではないのです。いろいろな矛盾も含め，多くの人たちの意思でこの社会は成り立っています。
　それでも，自閉症を知ってもらうことで生きやすくなると思うのは，僕を見るみんなのまなざしが，変わってくるからです。　　　　　　　　（東田，2014）

　これは，東田直樹さんの『跳びはねる思考』という本のはじめの一節である。幼い頃から周りの言葉に反応を示さず，5歳の時に自閉症の診断を受けた東田さんは，言葉をほとんど発しないにもかかわらず，漢字などの文字への記憶力は抜群であり，両親はその能力を伸ばすことに希望を見出された。親子で粘り強く訓練を重ね，7歳で文章が書けるようになった東田さんは，以後その言葉を磨き続け，その稀有な表現力で，多くの著作を発表している。
　東田さんがここで述べておられるように，自閉症についての知識があっても，人のふるまいが変わるとは限らない。けれども心を通して，その実際が語られる時，その言葉は私たちの心に触れてくる。その証左が東田さんの本であるとも言えるだろう。
　東田さんが13歳の時，初めて書かれた本『自閉症の僕が跳びはねる理由』は，自閉症に対してよく抱かれるような素朴な疑問に対して，一つひとつ丁寧に答える文章が綴られている。

　どうして上手く会話できないのですか？

　話したいことは話せず，関係のない言葉は，どんどん勝手に口から出てしまうからです。（中略）
　僕たちは，自分の体さえ自分の思い通りにならなくて，じっとしていることも，言われた通りに動くこともできず，まるで不良品のロボットを運転しているようなものです。

＊　　＊　　＊

　いつも同じことを尋ねるのはなぜですか？

　今言われたことも，ずっと前に聞いたことも，僕の頭の中の記憶としてはそんなに変わりはありません。（中略）

　よくは分かりませんが，みんなの記憶は，たぶん線のように続いています。けれども，僕の記憶は点の集まりで，僕はいつもその点を拾い集めながら記憶をたどっているのです。

＊　　＊　　＊

　跳びはねるのはなぜですか？

　僕が，ぴょんぴょん手を叩きながら跳びはねる時，一体どんな気持ちだと思いますか？
　すごく興奮しているから，何にもわかってないと思われているでしょう。
　僕は跳びはねている時，気持ちは空に向かっています。空に吸い込まれてしまいたい思いが，僕の心を揺さぶるのです。（中略）
　どこか遠くの青い空の下で，僕は思いっきり羽ばたきたいのです。

（東田，2007）

　こうした文章に接して，学生からは素直な驚きや率直な感想が寄せられた。

・笑っていなくても楽しいと感じていたり，長く見続けることは出来なくても，とても感動していてもっと見ていたいと思っていたり，思っていたのと全然違って正直驚いた。
・直樹さんが跳びはねる理由はたった一つ，それは，感情表現するスピードが言語化するよりも体現した方がはやいからだ。
・今，言いたいことはたくさんあるのに，まとまらないし，うまく言葉に出来ない。東田さんもこんな感じなのかな？と少し思った。
・理解するというのはこういうことだと感じた。

　東田さんの言葉から，体感としての理解に誘われたことが伝わってくる。かつての同級生とのかかわりを思い出す人もいた。

・小中学校の頃，自閉症の同級生がいた。その子は，奇声を発したり，ピョンピョン跳んでいたりしていた。小学校の宿泊学習で同じ部屋になった時，その子が服を脱いで飛び跳ね始めたので，部屋のみんなで服を脱いで飛び跳ねた。も

ちろん見回りに来た先生に怒られたが，私は悪いことをした気はしなかった。なぜならその子はとても嬉しそうに笑っていたからだ。みんなでやったことで喜んでいたのではないかと思った。しかし，直樹さんの話を見て，やりたいことでもないのに体が勝手にやってしまうというのを見た。そうなると，あの時あの子は，バカにされてる気がしていたのかもしれない。笑ってはいても，心は恥ずかしかったかもしれないと思った。

　そうだったかもしれないし，そういうわけでもなかったかもしれない。それは分からないが，少なくとも，その両方の可能性に心がひらかれることは，その同級生にとっても，この学生にとっても，その出会いがあらためて豊かになることではないだろうか。
　あるいは東田さんの次のような言葉には，強い共感も寄せられた。

> 　僕は，みんながいる前で笑うのが苦手です。
> 　話の流れに自分もきちんと乗れたうえでリラックスできている状態でなければ，みんなと一緒に笑えないのです。
> 　その場で笑いに反応するのは，僕には難しいことです。
> 　笑いを共有できなければ，一緒にいる人に気を使われたり仲間はずれにされたりします。
> 　笑えなくても楽しんでいる時があります。
> 　もし笑っていない人がいても，この人は楽しくないのだと，すぐに決めつけないでほしいです。
> (東田，2013)

・「みんながいる前で笑うことが苦手」ということに非常に強く共感した。私も人前で笑うことがとても苦手であり，よく「楽しめてる？」や「もしかしてつまらない？　無理してない？」と聞かれることがある。このことが私は非常に苦痛であり，相手の迷惑になっているのではないか，相手の雰囲気を壊してしまっているのではないだろうかと考えてしまい，申し訳なさや悲しさがあらわになってしまう。本当はとても楽しいのに。笑えなくても楽しんでいる人はいるということを理解してほしい反面，笑っていないと「つまらないのでは？」と考えてしまう相手の気持ちも理解できる。

あるいはこんな声もあった。

・私は「楽しくなくても，とりあえず笑っている」ことが多い。とりあえず笑っておけば，その場の雰囲気になじめてる感じもするし，浮いているとは思われないからである。もちろん心から笑っているときもあるが，楽しくないけど笑うと，その場から立ち去ったときにどっと疲れがこみあげてくる。私のように楽しくはないけれど，とりあえず笑っている人も多いのではないか。

確かにどちらもあるのだろう。いずれもとても繊細な悩みだ。こんな感想もあった。

・これまで発達障害に対して，理由もなく突拍子のないことをするという印象があったが，そうではないことに気づかされた。彼らも私と同じで，まわりの目も気になるし，その状況に対してどうすればいいんだろうと悩む，同じ悩みを抱えた者同士なんだと気づいた。

授業では，東田さんの本を英訳した作家のデイヴィッド・ミッチェルさんと東田さんの交流の様子を描いた NHK のドキュメンタリー「君が僕の息子について教えてくれたこと」（2014年8月16日放送）──ミッチェルさんは，この本によって，自閉症の息子さんの心の声を知るようになったということを語っている──を見ている。オンライン授業では，その番組を紹介した動画を各自で視聴してもらった。[1]

・動画を見るなかで，予測のつかない彼の行動を怖いと感じている自分がいた。私達の人生が一度であるのと同じように，彼ら障害者も人生は一度きりなのだ。その当たり前のことに今回初めて気がついた気がした。一度きりの貴重な人生で，ハンディキャップを負い，そのせいで一生人から奇怪な目を向けられて生

1）「NHK ハートネット─自閉症の君が教えてくれたこと」https://www.facebook.com/NHK.heartnet/videos/800253627566156/（2020年5月閲覧）

きていく。その辛さ，恐ろしさ，寂しさはどう頑張っても理解することはできないはずなのだ。彼の人生が私たちと同じ速度で進んでいることに気づいた時，それまで自分がその事実に目を向けていなかったことに恐怖を覚えた。

　この感想の最後に書かれている「恐怖」と，最初に書かれていた「予測がつかない行動を怖いと感じ」ていたことは，同じ「怖い」でも全然違うだろう。外側から見て，わけが分からないと思う恐れと，内側からその人を感じようとして，そのように知ろうとはしていなかった自分に気づき，その自分を怖いと思う。それを恐怖と感じる感性が素敵だ。

　「怖い」という感想には次のようなものもあった。

・東田さんの，生々しい生命力のある言葉に，恐怖を感じた。なぜなら，東田さんに全てを見透かされているような気持ちになったからだ。

　ここで「見透かされている」とは，東田さんが冷徹というようなことではないだろう。ただ，普通なら気づかれないように隠しておけるもの，自分を覆っている何かが東田さんの前では取り払われてしまうような，そんな予感をもったのだろうか。小手先では太刀打ちできないような，ふだん接することのあまりないような何かを感じたのかもしれない。

　東田さんは，この世界を，周りの人たちを，どのように感じているのだろうか。東田さんは，こんなことも述べている。

　「僕はきれいな桜を長く見続けることができません。それは桜の美しさが分からないからではありません。桜を見ていると，何だか胸がいっぱいになってしまうのです。繰り返す波のように心がざわざわとかき乱されてしまいます。その理由は感動しているせいなのか，居心地の悪さからくるものなのか自分でもよくわかりません。わかっているのは，僕が桜を大好きだということです」

(東田，2013)

「僕には，人が見えていないのです。

　人も風景の一部となって，僕の目に飛び込んでくるからです。山も木も建物も鳥も，全てのものが一斉に，僕に話しかけて来る感じなのです。それら全てを相手にすることは，もちろんできませんから，その時，一番関心のあるものに心を動かされます。

　引き寄せられるように，僕とそのものとの対話が始まるのです。それは言葉による会話ではありませんが，存在同士が重なり合うような融合する快感です」

（東田，2014）

・東田さんの文章を読んでいると，自閉症という名前は間違っているように感じた。自分を閉じているのではなく，むしろとても大きく開いているように見える。自分に対しても人に対しても，自然に対しても，心に対しても，言葉にできないだけで頭の中にはとても大きく深い思考が広がっているのだろうなと思った。

・多くの人間の主語はいつも自分達で，ヒトを中心に物事を考えている。けれどこの地球上に存在する全ての生き物は，本来平等に存在しているはずだ。コロナウィルスが流行した今，ますます自然と共存することに目を向けるようになってきた。これを無意識にする事ができている直樹さんは，私達よりも周囲の環境を見る事ができて，地球の異変に気付く事ができるのかもしれないと思った。

　確かに，このように自然にも人にも心にも大きく開かれた感性は，生きていることの本来の在り様かもしれない。そして，こうした感性は，もともと私たちも持っていたものではないかとも思う。昨今は「障害の特性」ということがよく言われるようになったが，こうした感性をそうした言葉でまとめてしまうのは，とてももったいないことのようにも思う。

　一方，こうした感性や障害者の姿はしばしば「純粋」と呼ばれることもある。が，東田さんはそうした言説に対しては「そういう人もいれば，そうでない人もいる」と言い切り，「知的障害者の人たちが純粋に見えるのは，普通の人にはないものをもっているからかもしれません。普通の人は，それが何かをうまく表せなくて，純粋という言葉に置き換えているのではないでしょうか」と書

いている（東田・山登，2016）。
　こんな感想もあった。

・東田さんのお話を読んで，障がいを持っていても同じ人間なんだということを
　あらためて感じさせられた。それは生物として人はみな同じ人間なんだから差
　別するなというような，今まで何度もいわれてきたようなことだけではカバー
　できない部分にあると思った。東田さんの言いたいことはもっと細かい部分に
　あって，障がいを持っていたとしてもひとりの人間として心も体も成長し，
　色々なことを考えているのだという中身の部分なのかなと思う。だからこそ，
　ひとくくりに「純粋だ」というのは間違っていると感じた。

・健常者／障害者の明確な線引きが「知った・理解した」段階から「協力する・
　行動する」段階への一歩を難解なものにしているように思う。ところが東田さ
　んはこの全てを理解していたのだ。そしてそれを受け入れた上で，自ら行動を
　起こしているのだ。もしかしたら，私たちよりもはるかに，社会を多感に掴み，
　人の気持ちや行動を理解しているのは，東田さんのように障害を抱えている人
　びとなのではないか。

・質問者がもつ「普通」一般の価値観にも寄り添って，冷静に真摯に読者へ訴え
　かける彼の文章，伝える力はすごいなと思う。

　　人が生きているということは，一括りの言葉で表せるものではなく，確かに
「もっと細かい」「中身の部分」があるということだ。それを聴かせてもらうこ
とは，東田さんの人知れない痛みや努力に少しは応えることになるだろうか。
　　全体を通しては，こんな感想があった。

・彼らの本当の声を知る。今日はそれができて良かった。

・自閉症の方も周りに沢山のメッセージを発信しており，それらははっきりとし
　た明確な言動ではないかもしれないが，伝えようとしているのだと思う。その

メッセージを受けとめられるか，感じ取れるかどうかは，私たちに委ねられているのだという発見をした。

「委ねられているという発見をした」という表現が印象的だった。これは責任を伴うものではあるけれど，押し付けられたものではなく，各自の意志に任されているということだろう。そのことに小さな誇りのようなものも感じられる言葉だ。

こんな感想もあった。

・私は発達マイノリティーの人たちに目を向けるのに今まで躊躇い，恐れていた。が自閉症の生の声を聞いて，逃げちゃダメだなと思うことができた。逃げていたことに立ち向かうための準備を得ることができて，本当に嬉しい。

ここでも「恐れ」という言葉が出ているが，「逃げちゃダメだなと思うことができた」時，自然と恐怖が喜びに変わっているようだ。「本当の声を知る」ことは，自身の喜びにもなる。"しなくちゃいけない"からではなく，"そうしたくなる"。そこに，一つの希望があるようにも思う。

2.『リハビリの夜』の著者・熊谷晋一郎さんの文章から

脳性まひにして小児科医の熊谷晋一郎さんは，その著書『リハビリの夜』の冒頭「脳性まひという体験」で，帰宅時に玄関で外出用の車椅子から室内用のそれに移乗する際，あやまって転倒してしまった体験を，まるでスローモーションのように詳細に記述している。

> 　想像していたよりも左ひざに力が入らない。それなのに右足はいつも以上に突っ張るものだから腰が左側によろけていき，体重が左足にかかっていく。当然今日の左足はそれをささえられるはずもなく，ふにゃりと左半身が崩れ落ちて，左ひざが室内用の車いすの足置きのとがった部分に突き刺さって，いたい！いたい！ちくしょう！と思いつつも痛みに耐えながらその体勢のま

　ま少し休んでは力を蓄え…またしばらくして「えいやっ」と立ち上がるのだが左ひざは先ほど以上に傷んでおり，体勢はさらに崩れて，左ひざが，そして右ひざが，右ひじが，右わき腹が，右肩が，最後に頭が，ずるずると床に落ちていく……。
　　落ちた先にある世界を，私はよく知っている。そこは，かつての私がいた世界だ。車いすに乗りはじめたのは十三歳のころ。それ以前の私は，まるで付着生物のように二次元の床の上を這って動いていた。（中略）
　　私はこの世界のことを昔からよく知っている。この世界でどんな風にやり過ごすか知っている。床に甘えればいいのだ。床は大きくて強くて，しっかりと私を抱きとめてくれている。子どものように，安心して眠るもよし，好きな空想に遊ぶのもいい。そんな過去のなじみの場所へ戻ってきたという安ど感が重なっていく。だから転倒は，時間をさかのぼるようなタイムスリップでもある。
（熊谷，2009）

　なぜ熊谷さんは転倒しやすいのか。「そりゃ脳性まひという障害を持っていて，不自由だからじゃないの？」と言われるかもしれない。けれども熊谷さんが求めているのはそういう表面的な説明ではないと言う。「脳性まひ」だとか「障害」という言葉を使った説明は，なんだかわかったような気にさせる力を持っているが，体験としての内実が伝わっているわけではないと熊谷さんは述べ，続けてこんな印象的な言葉を書かれている。

　　もっと，私が体験していることをありありと再現してくれるような，そして読者がそれを読んだときに，うっすらと転倒する私を追体験してもらえるような，そんな説明がほしいのだ。つまり，あなたを道連れに転倒したいのだ。
（熊谷，2009）

　熊谷さんは，子ども時代，「健常な動き」に近づけるよう，リハビリを受けていたが，「規範的」とされる「健常な動き」のイメージと，実際に体から繰り出される運動の間にはどうしてもギャップがあった。私が「私の動き」を手にするためには，何か根本的に構え方を変えていく必要があるのではないか？熊谷さんはそう考えた。
　熊谷さんによれば，自分の身体は「緊張しやすい身体」（熊谷，2009）であり，身体の各部位が「つながりすぎる身体」（綾谷・熊谷，2010）であるとい

う。すなわち，健常者の身体は，各部位の筋肉が適度につながって，「あそび」があるが，脳性まひ者の身体は，それらがつながりすぎているため，一つの筋肉が緊張すると，ほかの多くの筋肉も一斉に緊張してしまう。一方，緊張しすぎた身体が一気に弛緩してグニャグニャになる時には「折りたたみナイフ現象の快楽」というものもあるという（熊谷，2009）。

　「快楽」あるいは「官能」という言葉も熊谷さんの本にはしばしば出てくるが，こうした言葉は読み手にとっては意外性があるもののように思われる。では熊谷さんは読者の興味関心を引くために，あえてこうした表現をされているのだろうか？　いや，おそらく誇張などではなく，実際，まさにそうした体験でもあるのだろう。365日，誰かの介助を必要とする熊谷さんは，日々，人や物に触れ，触れられながら，その時々の感覚を微細に感じ合いながら生きておられることが，その文章からは伝わってくる。

　私たちはふだん，自身の身体の動きや筋肉の動きを意識していることは少ない。熊谷さんの体験を想像することはなかなか困難なことでもあるが，熊谷さんの詳細な記述に誘われて，学生からは自分がケガをした時のことなど，自身の体験の連続線上のものとして思いを馳せた感想が寄せられた。

・脳性まひでは，寒い時に体がこわばるような感覚がずっと続いているという文で，初めて，あぁそういう感覚なのかと共感することができた。自分は絶対にわかることのできない感覚で生きていると思っていたが，その人たちがどんな症状と向き合っているのか，少し理解することができ，文章を読んでいて嬉しかった。

・折りたたみナイフ現象について，抵抗がなくなってしまうとすっと伸び切ってしまう感覚が一種の快感というところがすこし衝撃だった。でも新発見だった。

・脳性まひを持つ人は手を強く握りしめたり手首やひじまで力を入れて固くしているというイメージがあるが，今までふれあいを持つ機会があっても手を包んだりなでたり，ということしかしたことがなかったが，手を広げて自分の手と合わせるなど，筋肉の緊張をほぐすようにすることで，もっときもちいいとか安心とかを感じてもらえたのかなと思って，少し過去の行動を悔やんだ。

　ここでも，少し理解することができたことに対して「嬉しかった」や「新発見」という言葉がみられたり，過去の自分の行動をふりかえる感想が出てきた。
　世の中一般の「規範的な動き」とされているものに合わそうとするのではなく，私が私の動きを手にしていく試行錯誤の過程で，熊谷さんはモノや人との間に《ほどきつつ拾い合う関係》というものにひらかれていく。例えばトイレや電動車椅子に，自身の緊張した身体をほどき委ねつつ，自ら動こうとする動きを拾ってもらうことで，モノとの間で，モノと共に，動きを作り上げていくのだ。さらにこうした関係性は，モノとの間のみならず，人との間にも広がっていく。

・人とつながるという考え方がすごくいいなと思った。車いすやトイレを自分とは別の道具と考えるのではなく，自分がつながっていく（身体化していく）という考え方にすれば，ポジティブにとらえられるような気がした。またお医者さんやトレーナーとの関わりに対してもその考え方を持っているというのが，とても前向きで素敵だなと思った。つながることで相手との間の壁のようなものが壊れ，こわばりをほどくことができる。

・私たちは自分の意識していないところで多様なものとつながっているようにも思う。しかし，偏見や固定観念によって，壁をつくることで，つながりをもつチャンスを自ら奪っている。それにより，本当につながりを求めている人の声が届かず，孤独で悩む人間が増加しているのだと思う。

・何かを乗り越えたいと思った時に上手くいかなかったりすると，自分を責めて，より悪循環に陥りやすいけれど，1人でやろうとしないでモノや人の手を借りることを弱さだと思わないで，頼ることが大切なのだなと思った。

　自分を責めるのではなく，自身のこわばりを解いて他者の手を借りることの大切さ。これは障害の有無にかかわることではないことに，あらためて気づかされる。
　もちろん，こうした営みは，うまくいくこともあるが，思うようにいかない

ことも多い。しかし，熊谷さんは「つながれなさ」はつながりの契機でもある，として次のように述べている。

> 　人間が世界や自分の身体とのあいだにもつ隙間は，つながろうとしてもなお残る，つながれなさである。それはまた，つながりの中になお残る不確定性，すなわちつながり方の自由度と言い換えることもできるだろう。
> 　そういった自由度は，別の新たなつながりを生み出す源泉でもある。
> 　　　　　　　　　　　　　　　　　　　　　　　　　　　　　　（熊谷，2009）

「つながり」という言葉に導かれて，学生たちの間にも，自身の体験に根差した様々な連想が広がった。

・私たちの人間関係は，つながっているようで実際にはつながっていなかったりと，人間関係の浅さ，はかなさ，もろさを感じた。しかし，その人間関係からまた新たな関係が生まれる可能性があるのだと思った。

・自分と世界や身体とのつながりは不確定で不安定だからこそ，ある場面になったときに強く感じられるのかなと思う。

・繋がろうとしても繋がり切れないのと同時に，繋がりたくないのに断ち切れないこともある。何かとつながりが希薄だということは，反対に何かとは強固なつながりがあると言えるのかもしれない。

・私も決して自由ではないし，不自由でもない。普通でもないし，当たり前でもない。理解できないかもしれないし体験もできないけど，繋がるかどうかと考えた時，相手がどうなのかって考えるより自分はどうなのかって考えられるのであれば，お互いに繋がりあえるのではないだろうか。みんな大した人間ではないし平等に醜いわけでもないし，比べる対象にはないって思えることが大切な気がした。

「つながりたい」「つながれない」「つながっている」「つながりきれない」

「つながりたくない」「つながりすぎる」…これらはいずれも「居場所」のテーマでもあるだろう。熊谷さんが脳性まひ者における筋肉と筋肉の関係を，あるいは自身の身体とモノや人との関係を「つながり」という言葉で表現されたことで——それは決して比喩ではなく，事実そうであるのだろうが——それが私たち各自の問題とも通じていることが感得される。

　もちろん，全く同じと思ってしまったり，これをもって相手のことを理解したと思うのは違うだろう。けれども，サイズは異なれど，ある種同型の，いわば相似のような共通のテーマと捉えられると，それぞれの人生に普通にあることとして，そこでのそれぞれの苦労や工夫をフラットに分かち合うこともできるのではないか。そうしたことも，熊谷さんの著書は教えてくれているように思う。

 ## 「生きる」ということの当事者研究

　第2章は，第1章と比べて，必ずしも身近ではないテーマをとりあげてきた。しかしフラットに，その生の声や語りに触れれば，今までの固定観念とは全く異なる姿がそこにあることに気づかされる。東田さんの言っていた「存在同士が重なり融合する感覚」や熊谷さんが語られた「地べたの感覚」は，未知であるようで，本当は誰もが知っていたものであるようにも思う。「障害」というものをこの章でとりあげたのは，それが「福祉」の重要な分野の一つであるからでもあるが，障害の有無にかかわらず，人が「生きる」とはどういうことかをつぶさに教えてくれるからでもあった。

　近年，医療・福祉分野では，様々な障害をもった方が，自身の障害について解き明かしていく「当事者研究」というものが広がりをみせていて，熊谷さんはその推進者の一人でもある。しかし考えてみると，そもそも障害の有無にかかわらず，人は誰もが何らかの当事者研究を行っているということはないだろうか？　誰もが何らかの当事者であり，一生付き合っていく自分というものがどんな人間であるかは，一生をかけて「研究」していくものとも言えるだろう。とはいえ，そうした「研究」をどれくらい行うかは特に決められてはいない。

それほどやらなくてもすむこともあるし，必ずやらねばならないとも言えない
ものだ。ただ，障害をもった方たちは，その必要性や必然性が高くなることは
多いのかもしれない。そして，東田さんや熊谷さんのように，これだけ真摯に
自身に向かい合うことはなかなかないようにも思う。その意味で――東田さん
はいわゆる「当事者研究」者ではないが――お二人は「生きる」ということに
ついての当事者研究の先輩とも言えるだろう。

　お二人の言葉それぞれが，そのように普遍的な意味をもって私たちに語りか
けてくるのは，毎日の中で培われてきた，それだけの思いが込められていたか
らでもあるだろう。

・熊谷さんの言葉で，自分の身体のつながらなさについて初めて気づいた。脳性
　麻痺の方は，いやでも自分の身体と向き合う時間が長いと思う。だからこそ，
　自分についてよく知っているし，考える時間が長いからこそ受け入れる寛容さ
　もある。私は，自分の身体なのに自分について知らないことがたくさんあるの
　ではないか，と考えた。障害を持った方の言葉に重みがあるのは，向き合う時
　間が長いから。私も見習おうと思った。

・(熊谷さんの)「新たなつながりを生み出す源泉」という言葉が印象的だった。今
　までにない組み合わせ，，私にはとっても魅力的に思えた。重なり合うはずの
　なかったものの共存は，人を魅了する，と思う。この授業に出てくる言葉が印
　象的で心を揺さぶるのは，たとえの言葉の美しさだったり，まっすぐに，きれ
　いさを無視した言葉選びをして語ってる方が多くいるからだと気づいた。

　決して綺麗ごとではない，その言葉が心を震わせる。自分の感じ方を捉える
こと，あるいは自身の不自由を認識し，それとの付き合い方を試行錯誤するこ
と。そのことの意味を，東田さんや熊谷さんから学び，それぞれが自身の当事
者研究に取り組むことができたら，それはいわゆる"共に生きる"ということ
にもつながるのではないだろうか。そして，生きるということは，あらためて
「もっと具体的な中身のこと」なのだとも思う。

第3章

エゴの奥にあるもの
――相模原事件をめぐって

「障害」という表記について

第2章では,「生の語り」――「なま」のつもりであったが,「せい」と読んでもよかったかもしれない――として,東田直樹さんと熊谷晋一郎さんの言葉を紹介した。お二人はそれぞれ障害をもった方であるが,私はここまで「障害」という表記を用いてきた。近年,この表記は差別にあたるとして,「障がい」あるいは「障碍」と書かれることが増えてきている(学生の感想の紹介では,「障碍」と記されたものはそのまま「障碍」としている)。「先生はなぜ『障害』と書いているのですか?」と,何人かの学生からも聞かれた。

「障碍」の「碍」の字は『漢字源』(藤堂,2002)によれば「石+得る(みつかる)」で,行く手を遮るように見える石を表し,対して「害」は「うかんむり(かぶせる物)」+「口または古(あたま)」で,かぶせて邪魔をして進行をとめることを示し,邪魔をして成長をとめる,生き物のいのちをとめるという意味らしく,「害」の方がきつい言葉であることが分かる。最近では「障害」とは呼ばず,多様性の方に目を向けて,「カラフル」という呼称もあるようで,素敵だとは思う。

ただ,そもそもなぜ「障害」という呼称が生まれたのか。呼び名を変えれば変わる問題なのかという疑問があった。「差別はいけない」のは,もちろんその通りだが,どこか建前でしかなかったり,積極的に差別をしていないつもりでも,「害」とは思っていないとしても,私たち――と一括りにするのも,とりあえず現在障害を持っていない者をこのように呼ぶのも,おかしな気はするが――の意識には,どこかにそういうものが横たわってはいないか。ふだん見慣れない存在を自分(たち)とは「違う」存在と捉え,距離を置こうとしたり,時に忌み嫌う。それはなぜなのだろう。

また障害にまつわる感想には,どこか自分に対して「これは偽善ではない

か」「私のエゴではないか」といった後ろめたさのような感覚がちらちらみえることがある。後で少し触れるが，福祉を学んでいることで「偉いわね」と周りから言われたり，「福祉を学んでいるのに優しくなれない」といった罪悪感やモヤモヤを抱えていることもあるようだ。座りが悪い感覚は，何かを考えることの出発点になるが，そのように自身を厭うことは，どこかに無理があるような気もする。もっと自然な受けとめ方はないだろうか。

相模原事件をめぐって

　障害とは何なのか。私たちの意識の内には何が横たわっているのか。こうした問題を鋭く突きつけたものに，2016年7月に相模原市の障害者施設「津久井やまゆり園」で，同施設の元職員が無抵抗の重度の知的障害者19人を次々と殺害し，施設職員を含め27人が負傷した，いわゆる相模原事件がある。この元職員は事件前に衆議院議長に「障害者に生きる価値はなく，社会のために抹殺されるべきだ」という趣旨の手紙を出し，事件後も「障害者がいなくなればいい」という発言をしている。またこの事件後——相模原事件には限らないが——ヘイトクライムが起こり，「よくやった」と言った言葉がネットでよくみられたことも記憶に新しい。

　とはいえネット上の誹謗中傷は，実際はごく一部の人によるものだという言説もある。授業の感想の中にも"あんなひどい事件が起きるなんて"といった記述も散見された。それが普通と言えば普通の感覚であるとも言えるだろう。と同時に，次のような感想もまた，私たちの素朴な感覚としてあるのではないだろうか。

・このような講義を受けると，「暮らしやすい世界」であったり，「差別がなくなれば」といったコメントをよく目にする。もちろん自分も言ってしまう。だが，そう考えてしまう時点で，自分とは別の人として扱ってしまっているような気がしてしまう。こうやって考えていくと，何が正解なのか，もっとわからなくなっていくなと感じた。

　素朴と言えば，こんな感想もあった。

・（障害を持った人と）関わって話す機会があれば，体なんてその人のほんの一部にすぎないとすぐ気づくことができる。大学に入って初めて耳がほとんど聞こえない子と友達になり，また違う子で目がほとんど見えない子とも喋る機会があった。彼女たちとかかわって率直にまず思ったのが，「なんだ，フツウじゃん！」ということ。

　確かにそうだ。実際に出会うと「なんだ，フツウじゃん！」——弾んだ気持ちが伝わってくるようでもあるし，拍子抜けするような感覚があったようでもある——と思う。もちろん，その「フツウ」の中に，フツウ誰でもあるような，様々な個性があり，また生きづらさ——障害による面も現実にはどうしてもあるだろう——もあるかと思うが，そうしたことも含めて「フツウ」に思えたのだろう。ではこの学生はなぜこれまで，そうした子たちとフツウに出会う機会がなかったのだろうか？

　日本障害者協議会代表の藤井克徳さんは，相模原事件が事件の特異性だけでは語れない点として，入所施設というものの問題があることを指摘している（保坂，2016）。すなわち，重度の知的障害者がこれだけ一度に大量に殺されたのは，そもそも彼らが共同生活を送っていたからで，一般の青年層・壮年層が大集団で地域から隔離された場所に期限なしで生活することは，通常の社会ではありえないと述べている。また事件後も，入所者はそのまま施設内の体育館で暮らしていたことについて，障害者は慣れた環境の方がいいからと厚生労働省は説明しているが，それは詭弁ではないかとし，「残酷な事件によって切り裂かれた障害者の置かれている『日常』のなかに，ひんやりとした差別の構図が潜んでいる」ことを指摘している。

　自分と違うように思われるものを隔離し，見えないようにすること。それは「排除の思想」とも言えるだろう。そうさせてしまう，あるいはそうしたくなる私たちの心とは何だろうか。

　相模原事件が問いかけているものについて，3つの角度から考えてみたい。

1. 「健常者幻想」を問う――劇団「態変」の金満里さんから

　全員が身体障害者のパフォーマンス集団である「劇団態変」の舞台にセリフ
はない。あるのは生身の身体だけ。身体の形が強調されるレオタードを身にま
とい，障害のある身体の動きをさらけ出し，地を這い，転がる。その圧倒的な
舞台は，私たちの意識の内にあるものをひきずり出し，しっかりと凝視しよう
としてみせる。

　劇団の主催者，金満里さんは，3歳でポリオに罹り，首から下が麻痺してい
る方である。在日コリアン2世で，母親が古典芸能の継承者であり，金さんも
将来を期待されて育ったが，もう後を継がせられないと嘆く母親の言葉を聞き，
"障害やったらそう思われるんや…"と思ったという。7歳で施設に入所し，
障害を直して健常者に近づくことが正しいとされる歩行訓練を受けながらも，
人手不足で，重度の障害者は後回しにされることが多く，何もしなくていい，
じっとしていたらいい，自発的に生きることは思わない方がいいと言われ，
「死んだような10年間」を過ごす。17歳で施設を出て，当時，障害者の自立運
動として興隆していた「青い芝の会」運動に参加し，介助ボランティアを募り，
一人暮らしも始めるが，やがて社会を変えることに限界を感じるようになり，
障害そのものの力に可能性を見出し，1983年に「劇団態変」を旗揚げした。

　「態変」とは，「態が変でええやん，身体が変わっててええやん。忌み嫌われ

劇団態変（劇団態変提供，中山和弘撮影）

たっていいじゃない」という意味で，最初は「変態」としたが，それではあまりにフツウだということで「態変」になったと言う。

金さんは「革命の身体表現—身体障害者だけの劇団　態変　金満里」（NHK「ハートネット TV」，2017年11月27日放送）という番組で，次のように語っている。

> 「これまで人目を気にして，自分の障害を隠してきた」
> 「醜いから障害そのものの動きを隠せとか，おとなしく目立たないようにしろと，無自覚にも自覚的にも教えられてきたけど，そうじゃないんじゃないか。すごい躍動感がある。生の身体ってね。人を惹きつけて，ギュッとさせるってすごいやん」　　　　（NHK「ハートネット TV」，2017年11月27日放送）

「健常者幻想」。番組でこの言葉を最初に見た時，私は「健常者」という概念そのものがそもそも幻想であるという意味かと思った。そもそも「健常者」という言葉自体，おかしな言葉だ。それ単独で使われることは稀で，「障害者」と対置して用いられることが多いようにも思われる。しかし考えてみれば，一体何が「健常者」であり，何が「ふつう」なのだろう。ただ，金さんの言われているのは，いわゆる健常者だけではなく——それを作り出したのはいわゆるマジョリティの方ではあるだろうが——障害をもった方たちも，その幻想に囚われているということのようだ。金さんの言葉を聞いてみよう。

> 「自分は健常者だとは思ってなくても，健常者しか世の中には見えてないんでね。だから健常者みたいになりたいと，いつのまにか刷り込まれてる。できないことを隠そうとする。できるように見せようとする」
> 「ふつうにみんなが街を二本足で歩いていることだけでね。（自分たちの存在は）もう否定されてるんですよね」
> 「健常者が二本足で何の疑いもなく歩いてる。そのペースで歩けない，立てないという存在を踏みつけにしていく。"そういうペースではあかんのや"と，徹頭徹尾言われてきた」　　　（NHK「ハートネット TV」，2017年11月27日放送）

金さんの言葉一つひとつには，圧倒されるような迫力がある。

・うまく言葉にできないけれど，障がい者の今まで聞こえてこなかった（聞こうともしていなかったのかもしれない）声，怒りが自分に向けられている気がし

て胸が苦しくなった。

・正直な感想として，怒りを持つ者に人は歩み寄るのだろうかと疑問に感じた。

　怒りという感情は確かに難しい。怒りを持つ人に近づきたいと思う人は少ないかもしれない。ただ，その怒りはそもそもなぜ湧いてきたものなのか。その由来に，実は自分も大いに関与しているとすれば，怒りを向けられているから距離をとるのは，二重に「踏みつけ」にすることになってしまうだろう。ではこの怒りをどのように受けとったらいいのだろうか。

　私たちはふだん何も考えずに二本足で歩いている。そうすることで，そうではない人の存在を否定しているつもりなど毛頭ないだろう。ではこれは，金さんが勝手に被害者意識をもたれたということなのだろうか？　いや，私たちが全く意に介していないことこそが問題なのではないか。

　金さんは，障害者自身が，そうした「健常者幻想」ではないものを，どう掘り下げるかを問い，"未踏の美"というものを追求している。

　（番組の司会者）〈自分のそのままを出して？〉
　（金さん）「そのままでもダメで…。まずそのままを認めてから，表現て何だろうってことに入っていく」

　（司会者）〈(態変の舞台は) 綺麗ごとじゃない。まがまがしさもある。そのまがまがしさにも，ぐわっと惹きつけられるというか〉
　（金さん）「それはそうなりたいですよね」
　「美としか言いようがないから，そう言ってるだけで。本当は醜さ，醜の方を晒すということを思いたいんですね。醜い。だけど，目をそらされない。そらすことができないと思いながら，思わず掴まれるような」
　「そうするとね，違う感覚になるんですよ。醜さがどんどん変わっていく。だからきれいっていうのはおかしいなとは思うんですけど。でもやっぱり美しいとか，そういう言葉になるのかなぁ…」
　　　　　　　　　　（NHK「ハートネット TV」，2017年11月27日放送）

---

1 ）http://taihen.o.oo7.jp/jtop.htm，2020年6月閲覧

　教室では上記の番組を視聴したが，オンラインでは，上述の金さんの言葉を紹介した後，動画（劇団態変プロモーション映像と金満里ソロ公演「寿ぎの宇宙[2]」）を各自で視聴してもらった。

・正直，怖い，醜いと感じてしまい，心をぐらぐらと揺さぶられ，見たくないのに見てしまうという自分でもよくわからない状況に陥った。まさに私の反応は金さんの狙い通り。最初に醜いと感じてしまったのは，自分とあまりにも異なりすぎているから。それは身体的にも精神的にも健常者にはできないことをしているからだ。

・一番に感じたことは「体が柔らかすぎる」ということだ。手も，指も，足もお腹も全てが軟体動物のようにしなやかに動いている。そのしなやかさを利用した動きが多いとも感じた。あの動きは，おそらく身体障害者にしかできない動きだ。独特の雰囲気を作ることができる。私はゆったりとした動きをみているのがあまり得意ではない。ただ，あの未知の世界のような空気と不思議な動きは，美しいとは私は感じなかったが，何か惹きつけるものがあると感じた。なんだか見ていたくなる，引き込まれるような魅力があった。

・自分自身が持っているエネルギーを全て使って体を動かしているかのようで，うまく言葉で表す事ができないが，生命力のようなものを感じた。
・言い方が悪いかもしれないが，命そのものが舞台上に転がっているような感じがした。
・純粋に「あぁ，美しいな」と感じた。自分自身，この感情を持ったことに驚いた。

・この劇団は何を叫ぼうとしているのか。明確なメッセージがあるはずなのに，なんだろう。考える。この感情は何？という自分の中と向き合う時間，自分の弱さを知るきっかけ，そんなものを与えてくれるのかなと感じた。うまくいえないが，上ばっかりを見て歩いていたのが，急に肩を押されて地面に倒れたようだ。

2）　https://www.youtube.com/watch?v=aXCaySP7AX8，2020年6月閲覧

　「肩を押されて地面に倒れたようだ」という表現は，第2章で紹介した熊谷晋一郎さんが「あなたを道連れに転倒したいのだ」と言われていた言葉も思い起こされる。

　またこんな感想もあった。

・世の中には，人が二本足で歩く，五体満足といったようなことが当たり前であるという暗黙の認識がつくられ，障がいをもつ人々には，そのような健常者のエゴによってできた当たり前の発想が，気づかないうちに内面化されていってしまうのだと思った。金さんは内面化されてしまった部分と，ありのままの自分の姿のギャップにずっと苦しめられているのに，内面化の風潮を作っている私たちが，障がいをもつ方々に向き合わないのはとても失礼なことだと思った。

・健常者と障害者を同じに思ったり扱ったりすることは到底できないと思ったが，障害者も同じように思っていることがわかった。むしろ，人を差別し，苦しめてきた健常者なんかと同じにされたくないという怒りすら感じられた。一緒にやっていきたいなら，そっちが変わりなさいと言われているような気がして，私が障害者に嫌われないようにしたいと思うようになった。

　「肩を押されて転倒させられ」たゆえなのだろうか。「向き合わないのはとても失礼」「私が嫌われないようにしたい」と，ここでは意識の逆転のようなことが起きている。

　これはいわゆる“かわいそう”や“少数派のことも考えよう”といったようなことではないだろう。そうした考え方は奢りであって，そんなことは金さんは望んではいまい。また“自分がこれだけ苦しんでいるのだから，あなたたちも同じような苦しみを味わいなさい”と言われているわけでもないだろう。いや，そうした思いになることがあっても当然かと思うが，それらも含め，しかしそれを超えた何かがあると感じられるからこそ，こちらも居住まいをただす気持ちにさせられるのかもしれない。

　金さんは「人間のエゴをみつめて」という文章（金，1996）の中で，その活動の原点となったかと思われる施設の生活をふりかえり，憧れのお姉さんがベ

ッドからの転倒を機に寝たきりとなり，日に日に変貌していった時のことを記している。その変化を目の当たりにしてショックを受けるとともに，職員からも見離されていく様子をみて「自分なりに見極めた後，見限った」。ほどなくして，お姉さんは施設から姿を消し，その後どうなったかは分からないと言う。金さんはこうふりかえった後，次のように述べている。

> 　私はそういう環境の中で，自分も含めて人間の心理というものを考えるようになった。それは，善も悪も別々に存在するのではなく，一人の人間の中に同時にあるのだ，ということだった。良い人と悪い人がいるのではなく，一人の中に両方が存在する。たまたまその時にどちらかが出るだけで，絶対に善い人なんていない。特に極限状態では，悪の部分が出るほうが自然であり，本音なのだ。
> 　だからこそ，ふだんからこの本音を見つめていかないと，人間として弱くなる，と思った。自分の中にも弱さや悪の部分がある。それに目をつぶって見ないふりをしていると，かえって知らず知らずのうちにその部分にひきずられてしまうのだ。逆にそのぎりぎりの本音をみつめていくことで，何か問題に直面した時，本当の極限状態におかれた時，自分の中の弱さにひきずられずに，本当の意味での自分の「選択」をすることができる。そうでなければ，自分でそれと意識できないままに「自分がどうしたいか」ということより，その場の強い力に流されることを優先し，結果的には自分の不本意に終わってしまう。
> 　　　　　　　　　　　　　　　　　　　　　　　　　　　　　　　（金, 1996）

この文章を読んだ学生からは，こんな感想があった。

・金さんの言葉にとてもグサっときた。善の部分ばかりを見つめて，悪の部分に対して見て見ぬふりをしていると，何か変化が起きた時に，自分も，周りにいる大切な人も守ることが出来ないのだと思った。自分の悪を認めることが，誰かの弱さに対して寄り添えることに繋がるのではないだろうか。

・これまで福祉を学んでいる身でありながら，冷たい言動をとってしまう情けなさやうしろめたさをいつも感じていたので，今自分がひどい，悪いと思っている感情も，誰しもが持っていることを知って，安心に近いような感情を抱いた。

「安心」という言葉に「近いような」がついているところが印象的だった。そこでただ安心してしまっては，何かが違うようにも思うが，「に近いような」感情を抱けることで，うしろめたく感じていたことも，落ち着いて受けとめることができるのではないだろうか。そのように落ち着いて「自分の悪を認めること」がまた「誰かの弱さに寄り添えることに繋がる」のかもしれない。

　こんな感想もあった。

・最初は，同情心やエゴ，もしくは本当に思いやりの気持ちから，いわゆる可哀想な状況の人に近づこうと思うと思う。が，自分の歩み寄りに応えてもらえないと，だんだん怒りの気持ちが湧き，見限ってしまうというのは私もやりかねないことだと思ってしまった。

　思いやりというのは突きつめていくと自分のエゴのような気がする。が，それが誰かにとってポジティブな影響を与えているならば思いやりになるのではないか。お姉さんに対してどのように関わりを持てばよかったのかはわからない。関わりを持とうとすることは，そのあとの関係にも責任を持つということと同義なのかもしれない。

「思いやりは突きつめていくと自分のエゴ」。確かにエゴそれ自体は，いいも悪いもなく，あるものだ。それをそれとして，そのまま認め，エゴだとしても，相手とかかわりを持とうとし，持ち続けること。その中で，それは時に思いやりになることもあるのかもしれない。それは文字通り「地べたを這う」ような営みだろう。しかし，地べたからしか，地べたからこそ見える景色というものがあるのではないだろうか。そんなことを考えさせられた。

 ## ２．虐待の実際と介助者の痛み

　障害者の地域生活を支える介助者・介助コーディネーターとして働いている渡邉琢さんは，相模原事件後，「社会の責任と課題」を大きく問うてきた人だ。けれども足元を見た時，日々の介助の現場には，何とも言えない重苦しさやし

んどさが横たわっている。なかなか言葉にされることはない，そうした痛みをみつめることから，抜き差しならない関係性を解きほぐそうとして書かれたのが「介助者の痛み試論—直接介助の現場から考える」だ。ここでは渡邉さんのこの論考から，介助現場の実際に触れていきたい。

　介助現場の逼迫と困難さを表しているものの一つに虐待がある。障害者福祉施設従事者等による虐待として厚労省に報告されている件数は，2015（平成27）年度は339件。しかし，これは氷山の一角にすぎないという。虐待を告発するには，ある程度の物証を重ね，病院側の圧力に負けない気持ちを持ち続け，波風をあまり立ててほしくないという少なからぬ入所者の気持ちを解きほぐし，その後の支援体制も整えていかなえればならない。うすうす気づいていても，声をあげるところまではなかなか難しい。また，その施設を責めたとして，では次に誰がその支援を担うのかといった問題も，虐待が明るみに出にくい大きな要因だと言う。

　ある施設の施設長は「施設では職員と障害者の間に主従関係が生じやすい」と言い，こんな告白をしている（神奈川新聞2017年2月25日）。

　「（行動を改めない入所者に）何度も言っただろうと，私だって言いたくなってしまうときがある。少しでも油断すると，上から目線になる恐れがある」
　「手間のかかる人たちの面倒を見てやっている自分は偉い」
　「第三者の目が入りにくい閉鎖的な施設には，思い違いが生じうる危うさが常に存在している」　　　　　　　　　　　（神奈川新聞2017年2月25日）

　とはいえ，施設内での暴力は，実は「加害者＝介助者，被害者＝被介助者」では必ずしもない。ある施設入所体験者はこんなことを語っている。

　障害者と介護職員の関係は，「ともに生きる」と単純に美しい言葉でくくられるものではなく，障害者・職員双方が不満をためこんでいた。虐待めいたことは，毎日，普通の日常として起きていた。障害者同士の関係もいびつであった。時には障害者が職員をいじめることさえあった。新人職員の多くは，障害者からのいじめのターゲットになっていた。　　　（渡邉，2017）

　利用者から介助者が受ける暴言・暴力は様々である。トイレ介助やおむつ交換の時に「するな！　来るな！」「お前なんかはやくやめろ！」と言われる。あるいは「何やってもダメだ！　別な人を呼べ！」「バカヤロー」「ばか死ね！」「こいつらは社会の底辺の職だ」「この対応は何だ，人権侵害だ」とののしられる。ジュースの瓶で叩かれそうになったり，言葉とともに，手足だけで叩く，蹴る，唾をかけられることもある。

　しかし，このような暴言，暴力を受けても，介助者には守秘義務が課せられている。また"仕事だから我慢して当然だろう""障害者の痛みや苦しみを前に自分の気持ちを語ってはいけない""介助者という立場からは何も言うべきではない""介助者は平静を保つべき"といった意識から，介助者の痛みは封印され，自制されがちになる。

　ある介助者は次のように語っている。

　　やつあたりをされた瞬間って，言葉以上にエネルギーみたいなものをもらってしまうので。私は傷つきはしないですけど，なんかどーっと疲れます。使ってる体力以上に。
　　疲れますし，なんというか，その時，必要な判断ができない。鈍ってしまう，というか，こう，真っ白になっちゃうというか，思考が停止するし。がまんしてしまうと，がまんできたと思って忘れたと思っても，ぜったい体のどっかに残っているんですよ。
　　で，夜眠れなくなったり，で，なんか常にストレスというか，怒りみたいなのを体が帯電してしまっているみたいなかたちで，ずっと力が入ってしまっていたり。そういうもののせいで，鬱になってしまう。　　　　　（渡邉，2017）

また別の介助者は次のように語る。

　　やりとりがしんどいから，逆に，介助が，読み取る方向にいく。読み取って完璧にするという方向に。表面的には，文字盤でのやりとり減るし（いい感じにはなる）。ほんまに，ちょっとした目の動きとか，状況の中で今これ言おうとしてるなとか，そういうところにすごい気を割いて。先回り。…わりに，こっちも，自尊心みたいなものがなくなってきてるから，そうやって，おれはこんなに完ぺきな介助ができるんやぞ，みたいな，そっちの方で，支えにせざるをえないのはあった。　　　　　（渡邉，2017）

学生たちは初めて耳にする介助現場の様々な実態に驚きの声をあげた。

・自分さえ我慢していればと抑え込むことは私もそうなのでわかる。波風立てなくないから。そして不満をため込んでいく。他人のことを推し測れなくなっていく。誰のおかげでこんなにうまくいってると思っていると，恩着せがましくなる。余裕がなくなってしまうので，些細なことでイラついたりして，逆に波風を立ててしまう。

・今までしばしば介護施設などの職員が施設の利用者を虐待するというニュースを見る度に，身体の自由が利かない人になんてことをするのだろうと思っていた。しかし，施設長の告白の話を受けて，介護する側の心の内に秘めている思いを知り，一方的に責めることも出来ないなと思った。特に「思い違いが生じる危うさが常に存在している」という言葉が，施設職員側の苦悩を凄く表していると思った。また外から見ると障害者と介護職員の関係は支える側，支えられる側といった単純な関係に見えてしまうが，実はとても複雑であり，脆さ，危うさを含んでいるものであるということを痛感した。

・障害者福祉施設では第三者の目が入りにくい閉鎖的な空間であるための虐待が起きやすいのは，誰も見ていないからというより，お互いがストレスのはけ口になってしまっているからなのだと感じた。そして，その場合どうしても力のある介助者の方が暴力を与える形になってしまう。絶対に許されないことではあるが，私たちは介助者を無責任に責めることはできないと思う。施設が自ら閉鎖的な空間を作っているのではなく，社会が障害者福祉施設というものを社会から分断させているのかもしれないと思うからだ。虐待を生み出しているのは私たちでもあるのだと，はっとした。

　「はっとする」という言葉は，学生の感想の中に時折出てくるが，「はっとする」は，思わぬところでその問題と自身とが突き当たり，これまで遠かったものと自分とがつながる，とても大切な契機のようにも思う。
　障害者の人が暴力をふるう側になることについては，こんな感想もあった。

・人間と人間が触れ合っているのだから障害者側が加害者となる場合もあって当たり前（もちろん無い方が良いが）なのに，その可能性を考慮していなかった自分自身にも驚かされた。介護される側はどこまでいっても被害者で，力のない受け身の存在であるという無意識の認識が心の何処かにあって，そういった思いのこもった視線が彼らを傷つけていたのかもしれない。

　自身のまなざしが，知らず知らず障害者を傷つけていたかもしれない。そのことと障害者の暴力は無縁ではなかったかもしれない。これも「はっと」させられるような気づきだ。
　いいか悪いかはいったん置いて，そもそも暴力の契機とは，どんなところにあるのだろう。

・「介護者」という，障碍者を一番そばで支える役割の方たちの率直な意見や実態を知って，少し驚いたというのが本音だ。私はいままで本当の実態を知ろうとしていなかったと思った。障碍者と生活の一部を共にするということは，障碍者の生き方に触れることだ。それはつまり，障碍者の感じている不便さや息苦しさを共に味わわなければならないことだと思う。それを共に味わえず，感じさせてしまう側になってしまうと，介護者としての役割を果たせていない，むしろ敵のような存在に一瞬で変わってしまうのだと思う。

・介助を拒絶されたお話があったが，実は拒絶ではなく，強がりだったり，自分では何もできないというやるせない悲しみの表れだったりするのではないか。しかし介助者も障害者もお互いになんでわかってくれないんだろうという気持ちをもっていて，共有するのではなく感情的に爆発してしまうから虐待などが生まれるのではないか。

　抜き差しならない関係の中で，双方が耐えるしかない，抑え込んでしまうしかないとすれば，それはどうにも苦しいことだ。どこかに「障害者の痛みと介助者の痛みの落ち着きどころ」はないか。渡邉さんはそれを探る中で，こんなエピソードを紹介している。

　　ある介助者は，障碍者からしばしば一方的ともとれるやつあたり，癇癪を受けていて，それを当初はぐっとこらえていたという。介護職として，こんなことでイライラしていてはダメなんだというような気持ちだったそうだ。だけど，もうこのままではこの人の介助は続けられない，という段階にきて，ついに自分も感情的にきつく言ったらしい。それがよかったのかどうかは今でもわからないけど，その後お互いに，自分が感情的になること，なったことをいくらか話し合い，考え合う時間があったそうだ。その時間をとった後，彼女は次のようになったという。

　　「イライラをもってもいい，というふうになれた。たとえば，こんなことでイライラしたらダメなんじゃないかとか，自分に対する批判をもってしまうと，自分を責める気持ちが，人からも責められ，プラスアルファ自分からも責められるというダブルパンチ状態になってしまいますよね」

　　「なにか『がー！』って言われたら（感情的に苛立ちをぶつけられたら），相手のことを『こいつ！』って思うんですよね。で，そう思う自分をまず許してあげましたね。で，なおかつ，ちょっとたまには，そんなんやめてくださいよ，っていうのもオッケーになったら，格段になんか，らくにはなりました」

（渡邉，2017）

　　この話は，障害者の方がある一定譲歩して感情を押し殺すようになったのではないかという推察も成り立つと渡邉さんは書き添えられてはいるが――そして，確かにそういう面もあるかもしれないが――，それでもこれは，人と人が真に対等であるとはどういうことか，あらためて教えてくれるエピソードのように思う。こんな感想があった。

・障がい者の方も，介助者の方と正面から向き合って，ぶつかり合いたい気持ちがあるのではないか。正面から向き合わないことは，相手にはそれだけ重要な存在ではないんだと思わせてしまい，傷つけ，失礼にあたるのではないか。
　ぶつかり合うことは，生きているとか，自分の居場所を求める行動の延長上にあるんじゃないだろうか。感情的になることは，自分の素を見せる，裸に近いことだから，勇気もいるし，でもそれによってお互いの理解が深まり，いいこともある。必ずしも悪いことではないし，必要な時もあることが分かった。

　この学生が「必ずしも悪いことではない」と慎重に述べているように，「正面からぶつかり合うこと」は，職業的な立場として，あるいは一社会人としては，あまりしないことかもしれない。それは裏返せば，私たちがふだんいかに素をみせずにいるか，感情を隠してふるまっているかということでもあるだろう。確かにそれぞれがただ感情のままに動いたら，社会というものは成り立たない。しかし，様々な感情を抱くことは，誰もが生きていれば当たり前のことではある。閉塞感のある状況の中で，思いを押し込めることが多くなれば，その分，そこからあふれ出てくるものもまた大きくなるだろう。

　第2章の東田直樹さんのところで，直樹さんの「生命力に満ちた言葉」を怖いと感じたという感想があった。それは，そうした言葉に触れることがふだん少なかったということもあったのかもしれない。けれども生命力に満ちた言葉や，生々しい感情は，本当に怖いものなのだろうか？　それを怖いと思って遠ざけることが，逆に暴力の発現につながってしまうこともあるのではないか。

　金満里さんがエゴを凝視し自身の身体をさらけ出したように，生身の人と人が本当にぶつかり合うことは，確かに「生きているとか，居場所を求める行動の延長上に」あると言えるのかもしれない。

3．「障害者の家族は不幸」？

　「亜由未が教えてくれたこと」（NHK ETV 特集，2017年9月24日放送）は，脳性まひと知的障害のある24歳の妹をもつNHKの若きディレクターが，相模原事件の犯人の言葉を受けて「障害者の家族は不幸ではない」ということを伝えたくて，自分の家族を撮影したドキュメンタリーだ。ただ，自分は小さい頃から妹の介助はほとんどしていない。そのことに気づいて，妹の亜由未さんを1か月介助してみることにした。

　母親の智恵さんは，息子のこの申し出にこう応える。

> 「珍しいよね。兄弟にここまで（介助を）やらせないって。うちは〝お兄ちゃんは自分の人生を〟と思ってたから。〝亜由ちゃんの面倒みるって考えないでね〟って思ってたから。お母さんにとっては，お兄ちゃんは亜由未と同じ大事な子どもだから。自分から（妹の介助を）望んでするんでなかったら，お互い不幸だと思った。でも好きで来てくれるなら welcome」。
>
> （NHK ETV 特集，2017年9月24日放送）

お母さんの智恵さんと亜由未さんの日々の様子には，こんな感想がもれた。

・何故かとても楽しそうだったのが印象的だった。家族の一員として，毎日の生活をより快適に過ごすため，体を丁寧に扱ったり，こまめに寝る体勢を変えてあげていた。尽くすことで愛を確認し，それが自分達の幸せであると言っているようで，こんな家族の形は素敵だと思った。

・世間で福祉をやってると言うと，えらいね〜とよく言われる。それは，やりたいと思わないからか，わからないけど，幸せなものとしては捉えられていないような気がする。

　幸せとは一体何だろう。この番組は，とても楽しそうな様子とともに，家族それぞれが様々な葛藤を抱えていることもそのまま映し出している。亜由未さんには双子の妹，由利香さんがいるが，由利香さんは小さい頃から亜由未さんに複雑な思いを抱えてきたと語る。それを聴いて，ある学生はこんな感想を書いた。

・一番愛と時間を両親はあゆちゃんに注いであげたいという気持ちは分かる。が，子どもの立場からしたら，双子の妹は何もしなくても褒められるあゆちゃんをうらやましく思ったり，もっともっと自分だけを見て愛してほしい…という気持ちが，様々な想いの一番根本にあるのではないかと思う。お母さんの努力も想いも全部理解できるけど，あゆちゃんがいる限り，きっと自分がお母さんの一番になれないのも事実だから…。

　智恵さんは自宅を開放してコミュニティスペース「あゆちゃんち」とし，亜由未さんと地域の様々な人たちが出会い，交流できる場をつくっている。その智恵さんの切なる願いは，自分たち両親が亡くなった後も，亜由未さんが地域でみんなの中で暮らせることだ。その準備が間に合うか，いつでも時間の戦いをしていると言う。しかし，介助の手はなかなか集まらない。思い余った智恵さんは，ある晩，由利香さんに電話をかけ，何かあった時，すぐに帰ってこられるよう，近くに住んでほしいと訴える。

　　「なんかさぁ，こんなこと本当言いたくなくって。もう『まったく自由に人生選びなよ』って，格好よく言いたかったけど。なんかもうさぁ，お母さんの代で無理そうな感じなの。一生懸命やってるけど。必死でだれかれとなく声かけまくって。本当にその気ない人にまで言ってるの。ばかみたいだよね。人みたら『介護やんない？』って言ってるの。笑っちゃう。一人でできることならね，必死で一人でやるけど。こればっかりは一人でできないんだよなぁ…」

　　「なんかわけわかんないや。『無理だ』って言われると，すがりつきたくなるし，『いいよ』って言われると，かわいそうになって。やっぱそんなの『いいよ』って言わせちゃだめだってなるの。親のエゴと，あんたがかわいそうだってのとが，ぶつかりあってて」

　　「もう本当だったらそっちに行って，温泉入って，孫の面倒みるよ，くらいな気楽な母娘だったらいいのにとかって思っちゃう。なんでこんなことお願いしてるのかなー，私」
　　「本当，本当に。私は本当になんかとんでもないこと言ったなってちょっと思った。でも，なんか言わずにいらんなかった。ごめんね」
　　「いやぁ，あんたがかわいそうだよ。やっぱり。やっぱり。本当にごめん」
　　　　　　　　　　　　　　　　（NHK ETV特集，2017年9月24日放送）

・家族それぞれ，将来に対してものすごい葛藤を抱え，処理しきれない感情を抱いていた。私はこのような見えない葛藤，苦しさにこれまで目を向けてこれてなかったと痛感した。障がい者の家族はスーパーマンのような存在じゃなく，私たちと違わない存在だと気づかされた。

・電話のシーン，お母さんの本音を聞いて（もちろん，前半の亜由未さんへの思いも本音である）少しホッとした。どちらの面も人間として当たり前の考え方や本音であるから。

・兄弟に介助をやらせないという姿勢は，一般的ではないかもしれないけど，子に対する平等な愛のように感じた。「東京，埼玉の方にきてほしい」という母の言葉に，すぐ返事せず「行くのは難しい」と言う妹さんは，母親のそれぞれの人生を尊重する姿勢を理解しているのだなと思った。

・そんな中でもお父さんやお母さんが明るく振舞っているのも印象的だった。「一緒にいられるだけで幸せ」という言葉を言えるのは素敵だと思った。

・お父さんが完全に自分の気持ちを押し殺すことなく，他の家族を羨みながらも語っているのが，自分の気持に正直ですごいと思った。

　障害者の家族は幸せなのか，不幸なのか。この問い自体，そもそもおかしなものかもしれない。

　ディレクターの裕野さんが，慣れない介助に苦闘しながら一生懸命亜由未さんを笑わせようとしているのを見ていた智恵さんは，ある日，裕野さんにこう言う。「いつも笑ってなくちゃいけないの？」。

　笑わなくては幸せではないという発想は，事件の容疑者（放送当時）と変わらないではないか，と言うのだ。この番組を紹介した記事で，智恵さんは以下のようにも語っている。[3]

　　それ（植松容疑者の発言：（筆者による注））に対して，「いや，私たちは不幸じゃありません」なんて言い返すよりも，「不幸な人間は殺されなければならないのですか？　生きるのが許されるのは幸福な人間だけですか？」という根本的なことを問いたいのです。

　　「見た目は不幸に見えるかもしれないけれど，実は幸せです」なんて言う必要さえないと思います。「不幸で何がいけないの」と言いたいですね。人生，幸せだと感じたり不幸だと思ったり，いろいろなんですから，「不幸なら生きている価値はない」なんて，冗談ではないと思います。

> どうしても SNS などにあげる写真は笑顔のものが多くなりますから，いつも笑っているように思われてしまうのです。でも普段は笑っていないことも多いですし，体調によっても，全然違います。私たちもそうですけど，年がら年中笑ってるわけではないし，笑ってなくても充実していることってあるのに，笑顔ばかりが求められたらしんどいと思います。
>
> 亜由未はたまたま笑う障害者ですけど，表情がわかりにくかったり，笑わない方もおられます。明るい笑顔の障害者だけに人気が集まり，そうでない人には支援が手薄になるとしたら，それもおかしなことです。亜由未もいろいろな顔をするし，私は，それが「いいな」と思っています。
>
> （NHK 福祉情報サイト「ハートネット」より）[3]

・智恵さんの，「不幸で何がいけないの」という言葉が刺さった。自分は幸せだと反論するわけでもない。けれども生きる力に満ちた言葉だった。人間，幸せを感じることも不幸に感じることもある。ずっとどちらかの状態でしかないなんて確かにありえないし，生きるとはそういうこと。人は，幸せだから生きるのではなく，生きるために生きているのだ，ということを教えられた気がした。

・誰かとの対人関係において，大変だけど付き合っていくというのは，その人を愛していたり，好きであったりの証であるのではないか。

・SNS もそうだが，私を含めみんな見える形を求めすぎている。見えるものにだけとらわれ，それがすべてだと思い込んでしまう。でも本質は違って，心では泣いていたり様々な葛藤があり複雑な世界を生きている。こんな当たり前のことを忘れてしまっていた。いろいろな顔というのはいろいろな感情に生きていて人間らしく生きていることなんだろう。一生懸命生きる青くささみたいなものも感じて，green って beautiful，青いって，頑張るって美しいという，私のすきなアーティストが言っていた言葉を思い出した。

3） https://www.nhk.or.jp/hearttv-blog/choryu/276044.html，2020年6月閲覧

　確かに私たちは，笑顔でいっぱいのSNSを求めたり，時にそれを羨んだり，"幸せのテンプレート"のようなものに随分影響されてしまっているかもしれない。「見えるものだけにとらわれ，それがすべてだと思い込んでしまう」と，そう見えないものには目が向けられず，自他ともに存在しないことのようにしてしまっていることもあるのではないか。けれども見えないことを排除することでつくられた「幸せ」は，どこか不安定で，常に不安がつきまとう。

　そして，障害というものは，端的に言えば——障害をもった人がという意味では決してなく——テンプレートな幸せには乗りづらいものであり，私たちの意識の内にある，あまり見たくないところ，厄介なところに"障る"ところがあるのではないだろうか。"障る"からこそ遠ざけ排除したくなる。けれどもそうすることは，そうされた人だけでなく，実は排除している者自身をも追い詰めているのではないだろうか。

　人にはいろいろな感情や姿がある。実際きれいごとではない。しかしそれは当たり前のことで，それもこれもありで，自分とも人とも「大変だけど付き合っていく」。その中に「愛」と言われるものもあるのかもしれない。「生きるに満ちた言葉」は，美も醜も超えたところにあるのだと思う。

コラム 「多様性」という言葉について

　昨今「多様性」や「マイノリティ」という言葉をよく耳にするようになった。このテーマは，「性の多様性」という言葉で語られることも多く，「LGBT（Lesbian, Gay, Bisexual, Transgender）」はその多様性を認めるものとして，よく挙げられるものでもある。「多様性を認める」ことはもちろん大切である。しかし，あらためて考えてみると，「多様性を認める」とは一体どういうことなのだろうか。

　美学者の伊藤（2020）は，「多様性」の名の下に行われている取り組みには，一人ひとりの違いを尊重し生かすことに貢献するものもあるとした上で，しかし重度障害を持つ国会議員に対する批判や，あいちトリエンナーレの企画展に対する抗議・脅迫と展示中止，冷え切る日韓関係など，現実の日本で進んでいるのは多様性の尊重とは真逆であることを指摘し，次のような警鐘を鳴らしている。

> 　もしかすると，「多様性」という言葉は，こうした分断を肯定する言葉になっているのかもしれない，とそのとき思いました。多様性を尊重する言葉としてよく引き合いに出される「みんなちがって，みんないい」という金子みすゞの詩は，一歩間違えば，「みんなやり方が違うのだから，それぞれの領分を守って，お互い干渉しないようにしよう」というメッセージになりかねません。　（伊藤，2020）

　また作家の朝井リョウの『正欲』（2021）という小説では，いわゆる LGBT にも入らない性的マイノリティの人たちが登場するが，その中の一人は「多様性」という言葉には「清々しいほどキラキラしたおめでたさ」があると言い，こんなことを語っている。

> 「これは結局，マイノリティの中のマジョリティにしか当てはまらない言葉であり，話者が想像しうる "自分と違う" にしか向けられていない言葉です。
> 想像を絶するほど理解しがたい，直視できないほど嫌悪感を抱き距離を置きたいと感じるものには，しっかり蓋をする，そんな人たちがよく使う言葉たちです」
> （朝井，2021）

　学生にも「多様性」という言葉をめぐって感じていることを聞いてみた。

・一人でお弁当を食べていた時，多様性と謳われる前は「可哀想」「友達いないのかな」みたいなことをコソコソ言われてうるさいなぁと思っていたが，今や一人で食べていても変な目で見られない。大変に気が楽になった。しかし同時に，何か目指すものが消えた感覚があった。友人に相談した時「それもあなたっぽいよ」みたいな片づけ方をされることが増えた。「そうかぁ」と納得したフリをして終わらせるが，何も問題は解決していない。解決していない問題がどんどん心の中に残る感覚だ。「みんな同じ」という枠がなくなったが，今は「みんな違う」という枠を無理やり押し付けられ

ている感じがする。

あるいは，こんな声もあった。

・高校の頃，私はある漫画が大好きだったのだが，その漫画について誰も知らなかったため，話せる人がいなかった。するとあるクラスメイト複数人に「そんな漫画全然知らないけど，好きなものは人それぞれだし，まぁいいんじゃない？」ということを言われたことがある。もちろん，言った本人には悪意は全くなかっただろう。しかし，私はなぜか見下されたかのような，そのような感情が心の中で芽生えてしまった。「好きなものは人それぞれだし」と言われてしまうと，「お前の考えは世間一般とずれている」と言われているように感じ取ってしまうのは私だけだろうか。

　「それもあなたっぽいよ」や「まぁいいんじゃない？」という言葉は，表面上は相手をそのまま認める言葉のように聞こえる。けれども，その言葉とは裏腹に，その奥に透けてみえるものが感じられてしまう。言葉の欺瞞とでも言ったらいいだろうか。
　こんな意見もあった。

・今は自分の体形を好きになる，愛する「ボディポジティブ」という言葉があるが，あくまで有名人やインフルエンサーなど，言い方は悪いかもしれないが一般人から少し離れている人がこのボディポジティブをやると大いに賛同を得る。しかし私のような一般人がボディポジティブみたいな考え方やLGBTを受け入れる・支援するという考え方は素敵だよねという上から目線的な雰囲気があると思う。でもまぁ結局は女性は痩せていた方がきれいであるし，異性と愛し合うのが普通だよねという思いが隠しきれていないと思う。受け入れてるのではなく，そのような考え方ができる自分は素敵であるし，でも自分はあくまでも普通から離れていないから安心であるといった人が多くいるのではないか。

　この感想については，こんな声も寄せられた。

・とてもハッとさせられた。本来，多様性を持った一人ひとりが主人公になるはずなのに，全部「素敵な自分」が主人公で，安心安全が保障された中で自己完結してしまっているのかもしれない。

　現代は「多様性」が推奨されているようで，実は誰もが「マジョリティ」といういわば"大きな船"に乗ろうと必死なのかもしれない。しかしその大きな船には，みんなが乗っているはずなのに，それぞれが自己完結していて一人ぼっちのようでもある。そのように「自己完結」をしなければ自身の「安全」が保てないのは苦しい。この「安全」は本当の安心になっているのだろうか？

・相手を最大限に尊重する手段として相手との関わりを断つことは一理あると思う。しかし多様性という言葉を免罪符にコミュニケーションを避ける，誰とも関わらないということが当たり前になる社会はとてもさみしいように思う。

・「それも面白いね」といった「好奇心」にも似た感情や言葉が，私たち及び社会が持つ「普通」という概念を変える一つの転換点となるのではないだろうか。

「それも面白いね」という「好奇心」は，相手を排斥する言葉ではなく，確かに他者にひらかれているものだろう。
　こんな声もあった。

・生きた言葉は，良い言葉よりも悪い言葉の方が残ってしまう。そして悪いことを言った人よりも，言われた人の方が鮮明に覚えている。この世の中に今までどれだけ苦しんで人の目を気にしてきたのかと自分を振り返って思った。
　しかし，ある時，悪い言葉を言われた時に「ありがとう」で返してみることにした。それは相手のことを「多様性」の社会だからこういう人もいる，という考えではなく，自分で自分は「多様性」の中にいるから，私はそうは思わない，心の中では「私中心」でいいのだと思えたからだ。心にひとつドアが作られ，嬉しいことを言われたら素直に「ありがとう」で受け入れる。悪いことや嫌なことを言われたら「ありがとう」で，自分の本当の気持ちを再認識するという心持ができたことが，とてもよかったのだと思う。塾のアルバイトでは，生徒の目線に立って，相手の多様性を見つけて受け入れるということをしているが，自分が生きづらいと思った時は，自分の中の「多様性」を受け容れるということをするようにしていると気づいた。

　「心の中では『私中心』」とは面白い言葉だ。いわゆる「自己中（自己中心）」とは違うようだが，それにも似た言葉をあえて使っているところに，時流に抗する覚悟がみえるようにも思われる。
　何か言われても，"私はそうは思わない"，"自分の本当の気持ちはこうだ"と自分の中で再認識する。誰が何と言おうと，私は私を認めてあげる。多様でよいのだから。それは「心の中では」と書かれているように，とりたてて誰に対して言うことでもないのかもしれない。しかしそれは，小さくても確かなものであるように思う。

　「多様性」それ自体はとても大切なことであり，素敵なことでもある。それゆえそれに異を唱えることは難しい。しかし，こうしたいわば「大きな言葉」は，ともすればファッションのように消費されるだけになったり，私たちがあまり見たくないものを覆い隠す道具になってしまうことがある。けれども，そうした使われ方に対する小さな違和感や，ささやかな抵抗は，形骸化してしまった言葉に風を通す。おそらく「多様性」というものも，「多様性」という言葉で括られるよりも，もっと自然で生きた言葉によって語られることを望んでいるのではないだろうか。

第4章

人間の条件

　第1章は「レオくん」という小学校の教室を描いた漫画から入ったように，これまでもいわゆる「福祉」の領域とは必ずしも言えないものをとりあげてきた。第4章では，幅をより広げて，けれどもこれまでの章で考えてきたことを，もう一歩深めるような，そして「福祉」ということを考える時にも大切であると思われるテーマをとりあげる。「人間の条件」とは少々固いテーマだが，人間を人間たらしめているものとはということを，3つの角度から考えてみたい。

1．ロボットにできること，できないこと

　1つめは「ロボットにできること，できないこと」である。「2030年ロボットと私」（朝日新聞，2015年5月31日朝刊）では，15年後，「親の介護」「兵士」「外科医」「政治家」「裁判官」「担任」「恋人」「ラーメン店主」それぞれの役割を担うロボットは実現可能と思うか実現不可と思うか，またそれをロボットに任せたいと思うか思わないかについてアンケートを実施している。「15年後」は「自分にかかわりがあるものとして想像できる未来」として設定された。
　その記事を読んだ学生たちからはこんな感想が出た。

・ロボットに任せたいと思う仕事はつまり人間がやりたくないことに感じる。兵士や介護，どれも肉体的にも精神的にも辛い労働である。それをロボットだから任せられると思うのはどうなのか。
・仕事がロボットに置き換えられてしまったら，感謝とかリスペクトとか当たり前のことを忘れてしまいそうで怖いなと思った。
・絶対にロボットに頼ってはならないのは，"自分の頭で考える"という事。自ら

の悩みや苦しみから逃げた瞬間，人間は存在しなくなってしまうのではないか。

　「人間は存在しなくなってしまう」とは強い表現だが，何がロボットにも置き換え可能かを問うことは，自分は何をしたいか／したくはないかのみならず，その欲望のまま突き進んでよいのか等，ロボットはまさに「人間の条件」を鋭く問い，危機感を喚起させるものであることにあらためて気づかされる。
　こんな感想もあった。

・ラーメン店主に注目した。おそらく，ただおいしいラーメンを作って提供することだけが目的ならロボットのみでも全く問題がない。しかし，ラーメンにプラスして人同士の繋がりであったり，店主の作るラーメンに愛情を感じるなど，人間の温かさがあるからこそ，ロボットに任せたくないという結果になったのだと感じた。
・以前「変なホテル」というロボットが受付をしていて従業員がほどんといないホテルに泊まった。その時に空気が冷たい感じがして，やっぱりロボットと人間ではその場の温度とか雰囲気まで全然違うのだなと感じた。

　この「人間の温かさ」や「空気が冷たい感じ」は，温度計のような客観的な指標で測れるものではないだろう。可視化できないが感じられるもの，心が心で感じられるものとでも言えるだろうか。

ペット・ぬいぐるみ・動物型ロボット

　とはいえ人の心の微妙なところ，繊細なところに触れるのは人間だけであるとも言い切れない。例えば，「癒しの動物型ロボット」として開発された，タテゴトアザラシの仔をモデルにした「パロ」というロボットがある。パロは，ぬいぐるみのようだが，声をかけたり撫でたりすると，様々な鳴き声で答えたり，まぶた，頭，前足，後脚を動かして反応を示し，パロと触れ合うことで，アニマルセラピーと同様の効果が得られるともされている。
　パロの映像を視聴した学生からは，ぬいぐるみやペットの大切さを連想したものもあった。

パロ（イメージ）

・辛い時，悲しい時，誰にも気持ちをわかってもらえない時，いつも私の心のよりどころになってくれるぬいぐるみがいる。心に寄り添う存在は必ずしも人間でなくてもいい。
・動物の癒しの力って本当に絶大なので，病気や体の具合の関係で動物を飼えなかったり，触れなかったりする人へのロボットである利点だと思った。

またこんな感想もあった。

・パロはすごくかわいいなと思った。本物の動物だったらそっぽを向いてしまったり，噛みついてきたりすることもあるが，パロは無条件に愛想をふりまいてくれるので，人間を癒すにはとても効果的だと思った。ある意味，そういうプログラム化された愛情のようなものは，人によっては嘘の愛のように思えてしまうと思う。しかしそれでもパロが必要とされているのは，誰でもいいから愛してほしい，というような人間の欲求からなのかなとも思った。人間や動物などの生き物に対して愛や癒しを求めるのは，時に勇気が必要だったり，不安が伴ったりする。

1）　https://www.youtube.com/watch?v=4R6ekzB1ouQ，2020年6月閲覧

・ロボットが相手なら虚しくなるかもしれないが傷つかない。傷ついたり傷つけたりするかもしれないけど，一緒にいるのが人間の愛ではないか。

　傷つかなくてもいい，煩わしくはない，自分の思うような反応をしてくれる。それが欲しい時と，それでは嫌な時，どちらもあるのが人間とも言えるのかもしれない。
　ともあれ，ペットとぬいぐるみとロボットは，似ているところもあるが全く同じでもないだろう。そこにはどんな違いがあるのだろうか？
　こんな感想もあった。

・本物の動物に似せてつくられているのは違和感があった。皮を一枚被っただけで，こうも受け入れにくいものになるのかと，自分自身の反応に驚いた。

　「皮一枚」という表現が印象的だ。「皮一枚」の「皮」は「化けの皮」のようなイメージもあるだろうか。動物らしいのに，動物とは違うところ，ほんのちょっとのことのようで，そこに何か決定的な差異を感じずにはいられない。頭では「ちょっと」と思っても，感覚が受け付けないといった感じだろうか。

人間に酷似しているロボット
　動物に似せたロボットだけではなく，人間に酷似したアンドロイドや，実在する人間と酷似していて遠隔操作ができるジェミノイドというロボットもある。その立役者である石黒浩が開発した黒柳徹子のジェミノイドと，マツコ・デラックスのジェミノイドが対談する「totto の部屋」という映像がある[2]。本人たちかと見紛うその姿には驚きの声とともに，こんな感想もあった。

・ロボットの淡々とした話し方が刺さる。

2）　https://www.youtube.com/watch?v=fU0fmF2N2qk，2020年6月閲覧

totto の部屋（イメージ）

・アンドロイドは万能感も怖さを増しているのだと思う。人間なのに（マツコさんなのに，黒柳徹子さんなのに）その人以上の能力をもっているのではないかと感じてしまう。

・人間にはそれぞれ人生があって，今までしてきた経験があり，その背景があってこそその人の人格や価値観は決まる。マツコロイドやトットちゃんの言葉は，本人の経験から出たものではないので，人間同士の対談と違って面白さを感じないのだと思う。

　あるいはこんな感想もあった。

・ふとした時に体を動かしたりという動きがなかったことにも違和感を感じた。これらは会話の内容にはほぼ関係のないことで，言ってしまえば，会話をするのには「いらないもの」であるが，「いらないもの」が実際になくなると，何となく変な感じがするということに気づいた。

　姿形や機能性などには還元しきれないもの，厚みのある生きた歴史や，あってもなくてもよさそうな「いらないもの」が人間というものの味わいをなしているのかもしれない。
　またこんな感想もあった。

・すごく人間に似ているのに，表情が固かったり，目に光が入っていないのを見ると，やはりこれは人間以外の何かなのだな，と現実を突きつけられる感じがして，私は何に話しかけているんだ？と思う気がする。

「人間以外の何か」という言葉からは，どう名付けたらよいか，どんな距離をとったらいいかが分からないという感じが伝わってくる。その戸惑いは「私は何に話しかけているんだ？」と翻って自分にも向けられる。

マツコロイドは「頭の良いロボットに人らしさを肉付けしたニセモノみたいだと思った」という学生も，続けてこんなことを書いている。

・かといって，私は自分を本物の人間とは思わないし，本物が何と定められないなら，何か新しい存在をニセモノというのもおかしな話だと思ったりした。

さらりと書かれているが，ドキッとする言葉である。「私は自分を本物の人間とは思わない」。この感覚はどこから来ているのだろう。

こんな感想もあった。

・もしアンドロイドに感情が芽生えたら，私たち人間はそれをモノと捉えなければならないのか，それともそれは命なのだろうか。

「命」という言葉が出てきたことにハッとさせられた。ロボットという存在は一体私たちに何を語りかけているのだろうか？

弱いロボット

角度を変えて，従来のロボットのイメージを覆すユニークなロボットから考えてみよう。

ロボットはこれまで人間の進化の象徴として発達してきたが，そのようにより多様な機能を追求していく，いわば「足し算ロボット」に対し，岡田（2012）は，実体的な意味をそぎ落とし，ヒトらしさはどこにあるのか，その本質を追求した「引き算ロボット」というものを開発している。

む〜（©豊橋技術科学大学　ICD-LAB）

　例えば，「む〜」は，やわらかなフォルムに目玉のようなものが一つついて
いるだけのロボットである。しかし，手足がなくても，何となく生き物に見え
る。集まっていると，何かおしゃべりをしているようにも見える。はっきりと
した言葉をしゃべらず，「む〜」「む〜」という音声しか出さないが，それで何
かコミュニケーションをとっている感じがする。そこから生き物（人間）らし
さ，おしゃべりの本質とは何かが見えてくる。

　また，同じく「弱いロボット」である，ゴミ箱ロボットは，ゴミ箱型である
が，その名に反してゴミを自分で拾うことはできない。しかしひょこひょこと
ユーモラスな動きで歩くことはできる。すると，周りの人が関心を持って寄っ
てきて，そこにあるゴミを拾い，ゴミ箱ロボットに入れてくれるということが
生じる。つまり，ゴミ箱ロボットは，自分一人では何もできないが，周りから
の助けは引き出すことができる。もしゴミ箱ロボットが自分でゴミを拾うこと
ができていたら，周りの人はゴミ箱ロボットには目もくれず，ただ通り過ぎて
いくだろう。しかし，ゴミ箱ロボットが何もできないというそのことによって，
ゴミ箱ロボットは周囲の人とコミュニケーションもつ可能性にひらかれている
というのだ。

　3）Social Trash Box, https://www.nippon.com/ja/views/b00902/

ゴミ箱ロボット（Ⓒ豊橋技術科学大学　ICD-LAB）

・ゴミ箱ロボットの動画を見たが，私が想像していたものより100倍かわいく愛嬌があった。特に目や顔があるわけではないが，動き方などから本当に生きているようだった。3つのゴミ箱が集まっている様子からは，「今日はあそこの場所にゴミが多いね」などの会話が聞こえてくるようだった。あれなら喜んでゴミを拾う。たとえその場にゴミ箱ロボットがなくとも，建物中探し回って，捨てに行きたくなると思った。

・人間も生まれたばかりは言葉も話せないし，歩くことすらできない。けれど，周りの人たちはできないことに対して苛立ちを覚えない。お世話をしながら思い出ができたり達成感がもらえる。人間も引き算ロボットのようにできないことは必ずあり，そのできない何かから新たな感情が生まれるのではないかと思った。

・本当の意味でのロボットと人間の共生がここにあると感じた。

「できない何かから生まれる新たな感情」とはどのようなものだろうか。

「私，ここにいていいんかね」

　さて，岡田の「弱いロボット」を参照しているかは不明だが，それを象徴しているかのような場面が，木皿泉脚本の「富士ファミリー」（NHK，2016年1月2日放送）というドラマの中にある。

　舞台は富士山麓にある「富士ファミリー」というコンビニ。店は三姉妹と，笑子ばあさん（片桐はいり）で経営されている。しかし，長く家にいた長女が結婚することになり，次女が亡くなった後も同居していた次女の夫も再婚すると耳にした笑子ばあさんは孤独を感じ，家出を企てる。家を出てまもないところで，笑子ばあさんは，トラックの荷台から落ちて道で立ち往生しているマツコロイドに出会うのだ。マツコロイドは，石黒浩制作のマツコロイドなのだが，このドラマのマツコロイドは面白い設定になっていて，笑子ばあさんに，自分のことを次のように語る。

　「私は人に迷惑をかけるためだけに作られたロボットです。意味は作った
人に聞いてください」
　そんな目的で作られたロボットなんているのだろうか。笑子ばあさんは仰
天しつつも，興味津々となる。
　マツコロイドはさらにこんなことも言う。
　「意味があろうがなかろうが，すでに私たちはここにいる。そのことが重
要じゃないかしら」
　老い先を憂い，人知れず孤独を感じていた笑子ばあさんは，マツコロイド
に思わずこう問いかける。
（笑子ばあさん）「私，ここにいていいんかね…」
（マツコロイド）「ていうか，もういるし！」

（ドラマ「富士ファミリー」より）

・マツコロイドの言葉に考えさせられた。私たち人間もまた生まれた瞬間からひ
　とに迷惑をかけずには生きられない生き物であって，ロボットに似ているのか
　なと思った。その意味で，ロボットの命が大切でないとされるなら，ロボット
　をそう捉える人は私たちも同じく価値のない命の塊と捉えるのかなとも感じた。

　「命の塊」は「肉の塊」のように，そのものが剥き出しになっている姿が連
想される。「塊」とは，それそのままであるから，そこに価値をみるかどうか
は，みる者次第とも言えるかもしれない。
　命とは，これまでの感想にあったように「あたたかみ」のあるもの，「いら
ないように思えるもの」も含み，機能に還元できないものだろう。相手を命と

みなせない者は，それ自身，命を持つ存在と言えるのか？ そこに私たちの人間性が問われているのかもしれない。

「ロボットの悲しみ」

人間の手によって生み出されたロボットがめざましく発達する中で，人間はロボットとどのように生きていけばよいのだろう。「弱いロボット」を開発した岡田は「ロボットの悲しみ」（岡田・松本，2014）という文章も書いている。

公園で胸に抱いている小さなぬいぐるみ型ロボットに「きれいだね」と語りかけながら花見をしているおばあさん。その光景を目にした岡田は少し複雑な気持ちになる。これでいいのだろうか。なにか痛々しさのようなもの，後ろめたさのようなもの，居たたまれなさのようなものを感じる。

> 最新技術の粋を集めて生み出されたであろうロボット。とくに人間社会での活動が期待されるソーシャルなロボットは，ヒトらしさを指向しつつも，ヒトにはなりきれない，そうした宿命を背負わされている。おばあちゃんとロボットとの関わりに立ち現れる「痛々しさ」というのは，こうした一種のジレンマや空回りを象徴するものでもあるし，実はロボットにとっての「悲しみ」ともいえるのである。さらに，それは自分の話しかけになかなか応えてくれないロボットに対する，おばあちゃんの悲しみでもあり，そういうものを代替手段としてプレゼントしなければならなかった，家族の悲しみでもある。そして，そうした期待に応えきれていないロボットの開発者の悲しみでもあるのだ。
> (岡田・松本，2014)

・このおばあちゃんに限らず，誰かではなく機械と過ごす人が増えているように感じる。例えば，飲食店や電車の中で，誰かと一緒にいるのに携帯を見つめている人を当たり前と思うようになった。おばあちゃんとロボットという組み合わせだから目についただけで，人間の相手は機械になってきたのが現実ではないか。

確かに「機械が相手」という光景は私たちの中ですでにありふれたものになっていて，それとも気づいていないという面はあるかもしれない。ただ，次のような捉え方もある。

・ロボットは確かに命はないかもしれないけど，心がない，とは言い切れないはずだ。なぜなら，作った人，考えた人，送った人，いろんな人の心が，そのロボットには詰まっているからだ。ロボットを大切にしていたおばあちゃんは，それが分かっていたからそんなにも大切に扱っていたのではないか。おばあちゃんは，筆者が思っているより苦しみを感じてないんじゃないか。

　そこに心がこめられていること，そこに心を感じることで，心は動くという心の不思議。一体ロボットと人間は何が違うのだろう。違わないのだろうか。

・心は持っているはずなのに心ない行動をするような人間もたくさんいるし，実際に心は持っていないがその行動に心やあたたかさを感じるロボットもいると知って，単純に人間だからロボットだからという区切り方をしてはいけないなと思った。大切なのは，人もしくはそのロボットから何を感じるかだと思った。ただ，ロボットと心を通わせられた気になっても，それは絶対に起こりえないことなのだと思うと，寂しくて虚しくなる。

　ロボットの発達によって，あるいは人間が「心ない」存在になることによって，ロボットと人間の境界は確かに曖昧になってきているかもしれない。しかし一方で，好むと好まざるとにかかわらず，超えようとしても越えられない一線もあるというのも厳然たる現実としてあるだろう。
　こんな感想もあった。

・ロボットに対して，恐れの感情は抱いたことはあったけれど，悲しみという感情を持つのは初めての経験かもしれない。けれど「悲しみ」という感情は，愛がある感情だと思う。私たちがロボットの発達に対して，怖さではなく，悲しさという気持ちで問題に向き合えば，ロボットとうまく共生できる社会に向っていけるような気がした。

　そもそもロボットとは共生すべきなのかどうかという問題もあるが，「悲しみ」という感情は確かにとても大切なものだろう。これまでの章で，私たちの

「恐怖」や「怒り」という感情については触れてきたが，「悲しみ」がひらいて
くれる新しい世界というものもあるのではないだろうか。

　「恐怖」という感情は，しばしばその相手を「敵」のようにみなし，そこか
ら守ろうとして，自らを閉じる。それに対して「悲しみ」は，他者に対してひ
らかれ，通じ合い，共有される感情である。

　様々なロボットをみてきた本節の感想では，「現実」「ウソ」「偽り」「ニセモ
ノ」「皮 1 枚」「肉付け」といった言葉が散見され，精巧なロボットに私たちの
感覚が反応するところがあり，どうしても譲れない人間味を求める心があるこ
とが浮かびあがってきた。

　と同時に，ロボットの人間化と人間のロボット化——この言い方は適切では
ないかもしれないが——が進み，ロボットと人間の境界が曖昧になる中で，
“そういう私は本物の人間なのか？”というつぶやきもみられた。

　ロボットは自分が「人間である」という自明性を揺るがすというよりも，そ
もそも私たちが何となく抱いていた「生きている」という感覚の心許なさが，
ロボットを通して見えやすくなった，ともいえようか。

　そもそも私たちは生きているのか，私たちに心はあるのか。人間が生み出し
たロボットと共に迷いながら生きていく時，「悲しみ」は一つのキーワードに
なるようにも思う。

 ## 2．水俣・チェルノブイリ・福島[4]

　1956年熊本県水俣市で公式発見された水俣病，1986年ソビエト社会主義共和
国のチェルノブイリで起きた原発事故，そして2011年東日本大震災に伴って福
島で起きた原発事故。これらは発生した時代も地域も大きく異なる。しかし，
その違いを超えて，この 3 つをつないでいるのは，公害病も原発も，近代社会

---

4 ）2022年 2 月，ロシアによるウクライナ侵攻が始まり，外務省は，ウクライナ地名の呼称変更
　　に関し，ロシア語に由来する「チェルノブイリ」から，ウクライナ語の「チョルノービリ」
　　に変更した（「チェルノブイリの呼称『チョルノービリ』に」2022年 3 月31日共同通信）が，
　　ここではこれまで馴染んできた「チェルノブイリ」の呼称のままとした。

における産業のめざましい発達のひずみとして起きたものであること，そこで国や社会の欺瞞と無責任が露呈したこと，わけても故郷という，人が人として生きるための基盤や生活の根っこが根こそぎ奪われ，その影響が未来にまで長く及んでいる点にある。

　しかも奇しくもこれらの土地から稀有な文学が生まれている。一つはS．アレクシェービッチの『チェルノブイリの祈り』，もう一つは石牟礼道子の『苦海浄土』である。二人とも，東日本大震災で原発事故が起こった福島に，チェルノブイリや水俣と同じことが再び起きたと，深い想いを寄せている。

「小さな人々」

　S．アレクシェービッチは「自らの声を書き残そうとはしない」市井の人を「小さな人々」と呼び，チェルノブイリ原発事故後，数百人の人たちに会い，その言葉を丁寧に書き留め，多くの声が織りなす合唱のような記録を残している。

　なぜ一般の民の声にこだわるかとの質問に，アレクシェービッチはこう答えている。

> 　誰からも一度も話を聞かれないような人々が20世紀の歴史を語る。それが重要でした。彼らは砂粒のように扱われた人たちです。それは「個人の真実」とでも言いましょうか。私が愛するドストエフスキーの作品と同様，それぞれの登場人物が自分の真実を語ります。私も，加害者，被害者，共産主義者，民主主義者などすべてに言葉を与え，それぞれが自らの真実を語るのです。これらの「個人の真実」が集まって，時代の姿が作り出される。一人の主人公がすべてを知っているような設定は，もはやできないのです。
>
> 　　　　　　　　　　　　　　　　　（朝日新聞，2016年4月15日朝刊）

　それは「国家の論理」に対するしなやかな抵抗になる。アレクシェービッチのインタビューを読んだ学生からはこんな感想が出た。

・「ゴミのように扱われた人」「社会から排除された人」などは聞くが，「砂のように扱われた人々」という表現の仕方が新しいなと思った。砂時計のように，社会の枠組みから落とされていくのを表現しているのかな。

・ちょうどコロナ禍の今にもつながる話だと思い胸に刺さった。政策がなされているから大丈夫だというような発言がされているが，コロナの真実や恐怖を知っているのは国会にいる政治家だけじゃない。それは医療関係者や雇用を失った人たち，経営者，バイト代で生活を成り立たせていた大学生などだと思う。

・アレクシェービッチが小さき人々の声を聴くことが，そのまま小さき人々を支えることになっているのではないか，と思った。今まで沈黙を強いられてきた小さき人々にとって，自分の声を受けとめてくれる人がいる，というのは，とても嬉しい出来事であり，心が救われると思う。また，有名人の書いた本が注目されることが多いような気がするが，このような市民に寄り添える小さき人の本こそ，生きていく私たちにとって必要ではないかと思った。

・第1回の「みみをすます」という詩を思い出した。あの詩もたしか色々な声，そのままでは聞こえないような小さな声にも耳を傾けるといったことが書かれていた気がしたので，大きな目的は違えど，この文章は似通っているように感じた。実際に苦しんでいる人がいるから国家のやっていることは正しいだけではないという抵抗の仕方は，弱いけれど確かに記録として残るので大事なことだと感じた。

　しかし「生きる基盤が根こそぎ奪われる」とは一体どういうことだろう。想像力ではとても及ばない事柄を，身近な体験を思い起こすことから近づこうとする学生もいた。

・私は外で遊ぶことが大好きで家の裏の公園で小さい時から遊んでいた。もしその公園がなくなってしまったら…と考えると，とても虚しい気持ちになる。また私の祖母は畑が大好きで家に遊びに行くといつも畑に行っている。畑のことを話す祖母を見ていると，それが祖母の生きがいなのだとひしひしと感じる。もしその生きがいを奪ってしまったら，きっと笑顔がなくなってしまうし，生きがいがなくなってしまう。身近な人に置き換えてみると，実際に根こそぎ奪われてしまった方々の気持ちを想像できて辛い。その人たちの苦しみを完全に理解することはできないが…。

また受講生の中にも福島出身という学生もおり，その体験を述べた者もいた。

・自分も福島出身で東日本大震災による原発事故の影響で大変な思いをした。外で遊びたくてもなかなか親が許してくれなかったり，暑い中，マスクや長袖を着用しなければならなかったりと，子どもにとってはストレスの溜まるような経験だった。福島ナンバーの車で他県に行けば嫌がらせをされたり，被爆を避けて転校してもいじめにあったりするという心苦しい話をよく聞いた。子どもたちの声など，影響力のない声を拾わずに無視していては何にも繋がらず，上辺だけの問題解決になるに違いない。実際私も将来癌になる確率が高いのではないかとか，子どもにも影響してしまうのではないかと，不安がずっとあるというのは確かだ。

授業では，震災後，福島県立相馬高校の女子生徒たちが演劇を作り，10代が抱く将来への思いを伝えている記事も紹介した（朝日新聞2013年1月1日朝刊）。

　舞台は震災から1年のある日の放課後，夕暮れの教室で始まる。ふざけあう仲良し3人組。震災などなかったかのよう。だがその後，一番陽気だった子が自ら命を絶った。なんで？残った2人は悩み，彼女が生前「将来結婚できない」と言っていたことを思い出す。
　「結婚して，子どもができたときに，放射能のことを言われたら…」
　「私たちは悪くないじゃない！」　　　　　（朝日新聞，2013年1月1日朝刊）

　この高校生と対談した民俗学者の赤坂憲雄は，彼女たちを「未来の当事者」と呼んでいる。感想には，彼女たちの演劇に共感や尊敬の念が書かれるとともに，大人たちへの思いも寄せられた。

・当事者なのに当事者になれない感じが焦れったいと思った。「ほらね，こんなに叫んでも結局届かないんだよ。誰も聴いてくれない」という諦観を子どもに植え付けてしまった社会がなんだか残念である。小さい頃，私も一生懸命親に話してもヘラヘラ笑って「そっか～，そうなんだね～」と適当に流されたことがとても嫌で，どうせ信じてもらえないと思ったことがあった。私はvs親であったが，彼女たちはvs社会である。

・もちろん私たちはこれからの時代を担うものとして，背負わなければいけない
ものもあると思う。東日本大震災の復興もそうであるし，地球環境についても
同様である。しかし，私は時々丸投げされているように感じることがあった。
小学校から地球環境や原子力発電の問題点を教えられ「これからどうする？」
を考えさせられる授業があったけれど，問題として受け止める一方で，「結果
がわかっていてなぜ使用し続け，その責任を私たちに押し付けるのか」と怒り
に感じることがあった。その気持ちと似ているところがあると感じた。

・当事者の声を聴こうと「大人が自ら動いた」チェルノブイリと，当事者として
声をあげようと「子どもが動いた」福島は，小さな違いと言われてしまうかも
しれないが，看過できない違いだと感じた。今回の演劇を作った高校生のよう
に，子どもが何かをすると大人は素晴らしいと褒めるが，本当にそうなのだろ
うか。勿論この高校生たちはすごいと思うが，本来大人に守られてエンパワー
メントされる存在であるはずの子どもたちが，大人はだめだと見限って，みず
から声を上げざるを得ない状況に危機感を持つべきではないだろうか。

　返す言葉がみつからない。大人とはどのようにあるべきか，若い人たちから
教わることに恥じるような思いを持つとともに，しかしそこから始めるほかでき
ないようにも思う。

『苦海浄土』から

　アレクシェービッチがチェルノブイリの「小さな人々」の声を拾い，また福
島の女子生徒が演劇を通して自ら声をあげたのに対し，石牟礼道子は，水俣病
で文字通り言葉を失った人に限りなく近づき，その心の声を巫女のように聞き
取り，哀切で独特な語りを紡いでいる。『苦海浄土』は，告発の文学でもなく，
聞き書きでもなく，創作でもない，不思議な作品だ。石牟礼と親交の深い渡辺
(1972) は，石牟礼がある時「だって，あの人が心の中で言っていることを文
字にすると，ああなるんだもの…」とつぶやいたのを耳にしている。不遜にも
聞こえるこの言葉が，実際は不遜とは程遠いものからきていることは読めば伝
わってくるものであり，「小さな声」の深みを知らしめてくれる作品でもある。

　ここでは『苦海浄土』の一部を，少し長くなるがとりあげたい。

　5歳7か月の時に水俣病を発症した娘ゆりが，17歳になった時の両親の会話である。

　「とうちゃん，ゆりは達者になるじゃろか」

　「――――」

　「まさか達者にゃなるめえなあ」

　「――さあ，なあ」

　「ゆりは入院した頃からすればいくらか太うなったごつもあるばい，あんたそげんおもわんや？」

　「ん，ちっとは太うなったごたる」

　「とうちゃん，ゆりは，とかげの子のごたる手つきしとるばい。死んで干あがった，とかげのごたる。そして，鳥のごたるよ。目あけて首のだらりとするけん」

　「馬鹿いうな」

　「うちはときどきおとろしゅうなる。おとろしか。夢にみるもん，よう。磯の岩っぴらの上じゃのに，鳥の子が空からおちて死んどるじゃろうがな。胸の上に手足ば曲げてのせて，口から茶色か血ば出して。その鳥の子はうちのゆりじゃったよ。

　…（中略）…

　ガッコにも上がらんうちに，おっとろしか病気にとかまってしもうた。こげん姿になってしもうて，とかげの子のごたるが。干からびてしもうてなさけなかよ。ゆりはいったいだれから生まれてきた子かい。ゆりがそげんした姿しとれば，母ちゃんが前世で悪人じゃったごたるよ。

　…（中略）…

　母ちゃんが業ば，おまえが負うて生まれてきたのかもしれん。

　…（中略）…

　あんたとうちゃん，ゆりが魂はもう，ゆりが体から放れとると思うかな」

　「神さんにきくごたるようなことばきくな」

　「神さんじゃなか，親のあんたはどげんおもうや。生きとるうちに魂ののうなって，木か草のごつなるちゅうとはどういうことか，とうちゃんあんたにゃわかるかな」

　「――――」

　…（中略）…

　「ゆりはもうぬけがらじゃと，魂はもう残っとらん人間じゃと，新聞記者さんの書いとらすげな。

… （中略） …
　　そんならとうちゃん, ゆりが吐きよる息は何の息じゃろか──。
… （中略） …
　　やっぱりゆりの匂いのするもね。ゆりの汗じゃの, 息の匂いのするもね。
… （中略） …
　　ゆりが魂の無かはずはなか。そげんした話はきいたこともなか。木や草と同じになって生きとるならば, その木や草にあるほどの魂ならば, ゆりにも宿っておりそうなもんじゃ, なあとうちゃん」
　　「いうな, さと」
　　「いうみゃいうみゃ。──魂のなかごつなった子なれば, ゆりはなんしに, この世に生まれてきた子じゃいよ」
… （中略） …
　　「生きとる途中でゆくえ不明のごつなった魂は, どげ行ったち思うな, とうちゃん」
　　「おれにわかろうかい, 神さんにきいてくれい」
… （中略） …
　　「なあとうちゃん, さっきあんた神さんのことをいうたばってん, 神さんはこの世に邪魔になる人間ば創んなったろか。ゆりはもしかしてこの世の邪魔になっとる人間じゃなかろか」
　　「そげんばかなことがあるか。自分が好んで水俣病にゃならじゃったぞ」
… （中略） …
　　「ゆりからみれば, この世もあの世も闇にちがいなか。ゆりには往って定まる所がなか。うちは死んであの世に往たても, あの子に逢われんがな。とうちゃん, どこに在ると？　ゆりが魂は」
　　　　　　　　　　　　　　　　　　　　　　　　　　　（石牟礼, 1969）

・資料で読んだ部分だけでも痛々しさや生々しさが凄まじかった。聞き書きでも創作でもないというのはどういうこと？と思ったが, これは, 水俣の人々の魂の集合なのだと思った。「チェルノブイリの祈り」が人々の声を通じた個人の真実の集積なのに対して, 「苦海浄土」は魂を集積することで声を失った人々の沈黙を限りなく言語化しようと試みたものなのだと思った。ベクトルは違えど, どちらもリアルだ。

・たびたび出てくる「…」が気になった。この間がゆりさんのつらさとお父さんの何もいってあげられないもどかしさが詰まっているのではないか。

・人が生きていく上で欠かすことのできないものが育つ海が破壊されたということとは本当に恐ろしいと思った。「苦海浄土」で言葉を失った人の沈黙に近づきたいとあったが，沈黙に近づきたいというか，魂に近づきたいということなのかなと思った。命というものが定めきれずどこにあるかもわからない，存在してるのかも伝わってこない，そんなやるせない親の気持ちが伝わってきた。

・ゆりちゃんの魂は，真っ暗闇をさまよっている。きっと，暗すぎて，幸せとか，苦しいとか，そういう感情すら見ることができないのではないか。ゆりちゃんの人生から，電気が，光が，消されてしまったのだと思った。それも，他人の手によって。人の人生の光を消している，という認識は誰も持っていない。私も持っていない，いや，いなかった。でも，生活の中で，誰かの光を奪うような行動を絶対にしていない，とは言い切れない。「あなたは？」と問いかけられたのかな。

　ここがあの世かこの世かも定かでない中を生きるとはどういうことだろう。『苦海浄土』からもう一つ，漁師に嫁いで赤ん坊を産んだ後に発病した女性，ゆきの語りを挙げる。水俣病を病むとはどのようなことかが直に伝わってくるとともに，かつて夫（「じいちゃん」と呼ばれているのが夫である）とともに舟に乗っていた日々を思い，海の美しさを語りながら，切々と海への思慕が吐露されている場面である。

> 　うちが働かんば家内が立たんとじゃもね。うちゃだんだん自分の体が世の中から，離れてゆきよるような気がするとばい。握ることができん。自分の手でモノをしっかり握るちゅうことができん。うちゃじいちゃんの手どころか，大事なむすこば抱き寄せることができんごとなったばい。そらもう仕様なかが，わが口を養う茶碗も抱えられん，箸も握れんとよ。足も地につけて歩きよる気のせん，宙に浮いとるごたる。心ぼそか。世の中から一人引き離されてゆきよるごたる。うちゃ寂しゅうして，どげん寂しかか，あんたにゃわかるみゃ。ただただじいちゃんが恋しゅうしてこの人ひとりが頼みの綱ばい。働こうごたるなあ自分の手と足ばつこうて。
> 　海の上はほんによかった。じいちゃんが艪櫓ば漕いで，うちが脇櫓ば漕いで。（中略）

　晩にいちばん想うことは、やっぱり海のことじゃった。海の上はいちばんよかった。

　春から夏になれば海の中にもいろいろ花の咲く。うちたちの海はどんなにきれいかりよったな。

　海の中にも名所のあっとばい。「茶碗が鼻」に「はだか瀬」に「くろの瀬戸」「ししの島」。

　ぐるっとまわればうちたちのなれた鼻でも、夏に入りかけの海は磯の香りのむんむんする。会社の臭いとはちがうばい。

　海の水も流れよる。ふじ壺じゃの、いそぎんちゃくじゃの、海松じゃの、水のそろそろと流れてゆく先ざきに、いっぱい花をつけてゆれよるるよ。

　わけても魚どんがうつくしか。いそぎんちゃくは菊の花の満開のごたる。海松は海の中の崖のとっかかりに、枝ぶりのよかとの段々をつくっとる。

　ひじきは雪やなぎの花の枝のごとしとる。藻は竹の林のごたる。

　海の底の景色も陸の上とおんなじに、春も秋も夏も冬もあっとばい。うちゃ、きっと海の底には龍宮のあるとおもうとる。夢んごてうつくしかもね。海に飽くちゅうこた、けっしてなかりよった。

　どのようにこまんか島でも、島の根つけに岩の中から清水の湧く割れ目の必ずある。そのような真水と、海のつよい潮のまじる所の岩に、うつくしかあをさの、春にさきがけて付く。磯の香のなかでも、春の色濃くなったあをさが、岩の上で、潮の干いたあとの陽にあぶられる匂いは、ほんになつかしか。

　そんな日なたくさいあをさを、ぱりぱり剝いで、あをさの下についとる牡蠣を剝いで帰って、そのようなだしで、うすい醤油の、熱いおつゆば吸うてごらんよ。都の衆たちにゃとてもわからん栄華ばい。あをさの汁をふうふういうて、舌をやくごとすらんことには春はこん。

　自分の体に二本の足がちゃんとついて、その二本の足でちゃんと体を支えて踏んばって立って、自分の体に二本の腕のついとって、その自分の腕で櫓を漕いで、あをさをとりに行こうごたるばい。うちゃ泣こうごたる。もういっぺん――行こうごたる、海に。

（石牟礼，1969）

・悲しいはずなのに，海の描写が鮮やかで，きれいで，不思議と心が穏やかになった。水俣病についての記述のはずなのに，読む者に，水俣病の悲惨さや苦しさよりも，海の魅力の印象を強く残すほど，海が大好きだったのだろうな，と想像することができた。その海を奪われてしまった苦しみは，想像をはるかにこえたものなのだろうと思う。

・この方々にとって，自分自身と故郷が一体となって「自分」なのだと思う。だからこそ，自分自身の身体の被害だけでなく，その手や足で海に触れられず，直接故郷と対話できないことがどれほど苦しくつらいことか。

・最後の３行では何度も「自分の」という言葉が使われていて，私たち第三者が思うような怒りや復讐と戦っているのではなく，ほかでもない自分と戦っているのではないかと思った。

・言葉がとてもリアルで，当事者にしかわからない痛みだと感じた。それを直接綴ることで，他の誰も着色しない，率直な痛みとメッセージが世間に伝わるのだと思った。このような声は"被害者"としてひとまとめにしてもいけないし，着色して変に解釈をつけてはいけないのだと感じた。

・意見や主張を通して私たちは他人の怒りや悲しみを知ることが多いが，たとえそんなことをしなくとも，苦しんでいる人たちはそこに確かに存在しているのだと思った。

　　意見や主張，解釈ではなく，その存在そのものが語り。しかし，その語りが限りなく美しいのは，一体どういうことなのだろう。

・水俣病を患ってしまった人々は，どんなことを感じていたのだろうか。自分達の生活が発展したきっかけは国情にあったということは理解していたと思う。でもゆりさんの両親の会話を見ても，単なる怒りではないような感情があるように感じた。また，漁師の妻の方の独白の中にも「そらもう仕様なかが」という言葉が出てきたし，内容を読んでいても，どうしようもないような悲しみの方が怒りよりも強く感じられるような印象を受けた。

　　こんな感想もあった。

・今までの中で，一番重い「許す」という言葉に触れたなと思った。

・「恨みでない」というのは恨んだことがないということではなく，恨みを乗り
　越えたのだということを忘れてはいけないとも思った。

　この「今までで一番重い『許す』に触れた」という感想は，石牟礼道子とも
親交の深かった水俣湾の漁師一家に生まれた緒方正人さん，正実さんの語り
（「水俣　いのちの海のただ中で」（NHK「こころの時代」，2020年4月12日放
送））に寄せられたものである。

　緒方正人さんは，6歳の時に父親を急性劇症型の水俣病で亡くし，「おさめ
ようがない。何者なんだ，親父に毒を飲ませたのは」「敵討ちをすることが親
父への応え方だと思ってた」という思いを胸に，加害者を問う運動を続けてこ
られたが，次第に「ボールをいくら投げても受けとめてくれない」「仕組みの
中の水俣病になってしまった」「加害者の責任の意味内容は金だったのか。す
り替えじゃないか」「一体誰と自分は闘っているのか」という思いに駆られる
ようになり，さまよいの一年を過ごされる。

> 　「私は狂いに狂っていたんです」「自分をとりまいている今日の社会を自分
> が拒絶しようとした」「みかん山に一日何回も行って，そこの草木と話すこ
> ともありました」「海に行って両手をついて，ひれ伏すというか，両手を海
> につけたくなったりもしました」「この世の真実に出会いたいと思った」

　そして正人さんは「チッソは私ではないかと思うんです」と言われるに至る。
ずっと漁業を生業としてきたが，魚を獲ることは泥棒だと気づいたと言うので
ある。

> 　「チッソの責任。その問いが自分にも向けられた」
> 　「私もチッソの中にいたら，絶対同じことはしなかったという根拠はない
> と思ったら，恨みがふっとんだ」
> 　　　　　　　　　　　　　　　　（NHK「こころの時代」，2020年4月12日放送）

　そして，チッソの正門に一人座って，このように呼びかけ始める。

> チッソの衆よ，この水俣病事件は人が人を人と思わんごつなった，
> そのときからはじまったバイ。
> そろそろ「人間の責任」ば認めるじゃなかか。
> どうーか，この「問いかけの書」に答えてはいよ。
> チッソの衆よ。
> はよ帰ってこーい。
> 還ってこーい。　　　　　　（NHK「こころの時代」，2020年4月12日放送）

　近代文明のひずみを負わされ，人が人として生きるための基盤を奪われた人々の叫びと祈りから生まれてくるもの。その一つの極北がここにはある。

3．生者と死者のつながり

　私たちの生を支えているものには，これまでみてきたように，様々な人とのつながりのほか，故郷とのつながり，自然とのつながりというものがある。その先には，死者とのつながり，「あの世」とのつながりというものもあるだろう。

　現代は，日常から「死」が遠ざけられた合理的な社会である。しかし果たして，この世は生きている者だけのものなのだろうか？　かつて「死」は「分からないもの」として，そのまま日常の中にあった（明石，2003）。そうした死生観は全く失われたのだろうか。

　前節の『苦海浄土』では，この世とあの世を生きながらに彷徨う語りがあったが，現代社会に生きる私たちがそういう感覚を持つことは稀であるかもしれない。けれども，学生の感想からはこうした話が違和感なく，すっと入るところがあったような印象もあった。死は日常の意識からは遠いことのようで，案外そうとも言えないのではないだろうか。

震災後の東北での「幽霊譚」から

2011年に起こった東日本大震災後の東北では，亡くなった人の声が聞こえた

り，亡き人と"再会した"という報告が多くあると言う。

　後に残された人は，なぜ助けられなかったのか？なぜ私だけが生き残ったのか？と様々な想いを抱えている。そうした中で，故人と夢で再会した，気配を感じたという体験をされることがあるというのだ。

　被災者の悩みを聴く僧侶ボランティアの金田諦應さんは「きちんとお別れできなかったのは，犠牲者も残された人も一緒。相思相愛だから不思議なことが起きてるけど，決して怖がらないで」と語りかけている（朝日新聞，2012年11月19日夕刊）。こうした"再会"は，残された者の悲しみの深さの現れであるとともに，その体験が，その後の生き方にまで影響を与えると言う。

　日常が突然断ち切られるような体験については，こんな連想をした学生がいた。

・毎週この授業は自分の固定された考えが溶けて自分に得るものがとても多い。しかし，オンライン授業であるために孤独で，この気持ちを授業が退出ボタンを押した瞬間に消えてしまい，誰と話すこともなく授業が終わり，その場の気持ちを共有できなくて辛いなとあらためて思う。新鮮な思いを誰かに伝えて共有したいとあらためて感じた。死ぬということが，この退出ボタンのように一瞬で失ってしまうものならば，想い残したことがたくさんあると思う。これは大震災も退出ボタンと同じようなものだと感じる。

　Zoom の退出ボタンと大震災の死が同じというのは飛躍があるようでもあるが，学生が日々抱いているオンライン授業の孤独をあらためて感じさせられるとともに，瞬間に跡形もなく消えてしまう時の何とも言えない感覚は，確かにどこか通じているのかもしれないとも思う。「ボタン」が身近にあふれている私たちの日常には，実は小さな死がたくさん転がっているのではないだろうか。

　震災後の亡き人との再会を綴った話には，須藤茜さんという女性の「白い花弁」という文章がある。これは第二回「みちのく怪談コンテスト」（2013）で大賞をとった作品で，書かずにはいられなかった実話であり，「現在の事実」や「目前のできごと」に根ざしながら語られた幽霊譚でもある。

　　大きく揺れた時，私は仙台のアパートにいた。気仙沼の実家にすぐに電話をする。

　「こっちは平気。お父さんが仕事場にいるけど，たぶん大丈夫よ」

　それきり連絡は途絶え，一週間後にようやく繋がった電話で，父がまだ帰ってこないことを知る。

　私にできることは何もなかった。ただひたすら，限られた日常を進めるだけだった。

　私は知人に連れられ，近くの銭湯に出かけた。涙はお湯に溶けて誤魔化された。

　帰ろうと靴箱の鍵を外して中からブーツを取り出し，足をいれた瞬間。ふわっ，と足の裏で何かを踏んだ。

　白い花弁が一房，靴の中に入り込んでいた。真っ白な，今切り取られたばかりのような瑞々しさを保って，そこにあった。

　靴箱に入れた時は無かったはずである。しかし説明はつかず，私が気がつかなかっただけだろうという話をして，笑った。

　二週間後，木棺に入れられて，父が帰ってきた。

　顔の部分だけガラスで縁取られており，肩から下を見ることはできなかった。水に濡れた顔は青白く，細かい傷が付いていたが，大きな怪我はなかったためにすぐに父だと分かる。遺体に触る事はできなかった。触りたい。触りたい。ほんの少しでいいから。

　棺の中に隠れている，身体があるはずの方向に視線をやり，目を見張った。

　胸の上に，白い花が添えられていた。それは靴の中に入っていた，あの花と同じものだった。

　父を思い出すとき，あの白い花を思い出す。足の裏で感じた，冷たさと柔らかさを。そのたびに最後まで触れる事のできなかった父の濡れた皮膚を思い，三月のひんやりとした白さと重なり，ああ，崩れたとしても触れておきたかった，と，思う。　　　　　（『みちのく怪談コンテスト傑作選2011』より）

・こんなことがあるのかと驚いた。科学とかそういうものでは言い表せない何かが人間の中には存在するのかもしれない。

・いろんなことが重なって，その人を感じていたのだと思えた。見えたという人も，どこか冷静で，会えることのないのをわかっている，そんな感情も伝わってくる。

・驚かせたり怖がらせようという怪談話ではなく，とても現実的で，ひんやりと

したお話だと思った。身近な人の死は，時として生死の境目をあいまいにする
のだと思った。

・（先の金田僧侶の）相思相愛だから幽霊を感じたりするだけという言葉に，なぜか
　少しほっとした。突然津波にのまれた人々は，まだどれだけ生きたかっただろ
　うかと感じる。これを怖がったら，何かそれは失礼なような気がする。

　こんな感想もあった。

・高1の頃，石巻市に震災のボランティア活動に行った大川小学校を思い出した。
　そこには瓦礫が崩れた跡やボロボロになった学校，津波で亡くなった生徒たち
　が描いた絵がたくさん飾られていた。初めて足を踏み入れた時，何か気配を感
　じたことをよく覚えている。しかし，心霊スポットに行って怖い目にあった時
　の感覚とは違って，何か優しくて暖かいもの，言葉にはできないが悪いものは
　感じなかった。この資料を読んで，やはり私が大川小学校で感じたものは嘘で
　はなかったし，その場を離れたいと思わなかったので，もしかしたら歓迎して
　くれていたのかなぁと思った。

　東北の震災体験に限らず，近親者の死にまつわる話もぽろぽろと出てきた。

・お葬式に一回だけ参列したことがある。死者って不思議だと思った。ニュース
　では怖いイメージだけど，知っている人の場合だと怖くないし，まだ生きてい
　る感じがしたり，いなくなるって感情がわからなかった。

・母がもう何年も前になくなっているひいおばあちゃんの部屋に行くと，ひいお
　ばあちゃんの匂いがする，と言う時がある。そのとき母はまるで子どもの頃に
　戻ったような表情をし，「安心する」と口にする。いつもは母に話しかけてば
　かりの私だが，この時間だけはなぜか話しかけてはならないような気がする。
　それはなぜだろうか。

　死にまつわる文章は，何か不思議にしっとりとした，いつもと少しトーンが異なる感じがある。

　こんな体験を書いた学生もいた。

・私には生まれる直前に亡くなったおじいちゃんがいる。つまりおじいちゃんと会ったことがない。しかし遺影を何度も見たことがあり，その遺影に写っているおじいちゃんがなぜか夢の中で私とキャッチボールをしているのだ。そのときの私の感情はいつも暗い。しかしその夢を見るとなぜか毎回おじいちゃんにつらいことを言い，「そうか」とおじいちゃんが言い，夢からさめた時には少し楽になる。これは怖いとかじゃなくて自分の一つの支えになっている。だから会ったことはないけど，私は会いたいと思うし，おじいちゃんも会いたいと思ってくれていたのではないかなと感じる。

　一方，こんなことを書いた学生もいた。

・父方の祖母の家で暮らしている従兄は現実主義的なところがあるが，その従兄が「誰もいないのに祖父の仏壇のお鈴の音が鳴る」「自分の部屋がある二階までの階段を上る足音が聞こえる」とよく話しているので，やはりそのようなことはあるのだと思う。しかし，私は祖父が亡くなってから一度も祖父の気配を感じたことがない。従兄がそのような話をしている度「自分には祖父への思いが足りないのだろうか」と悲しい気持ちになってしまう。被災者の中でこのような体験をした人は故人とつながっているような気持ちになるのかもしれないが，一方メディアなどでこれを美化して取り上げると，その体験をしていない人々は「自分の故人への思いが足りない」と否定されたような気持ちを抱いてしまう人々もいるのではないだろうか。

　確かに，亡くなった人を想うからこそ〝再会〟することがある一方で，〝会う〟ことがないから，その人を想っていないわけではないということは，常に心にとめる必要があるだろう。亡くなった人への思いの強さが死者を〝呼ぶ〟ことはあるとしても，それはあくまで一つの形であって，それがすべてではな

いはずだ。どんなに思っていても，夢には出てきてくれないということはある。人知を超えたものの形は，人の思慮を超えたものなのだろう。

漫画「綿の国星」と絵本「チャーちゃん」から

授業ではまた，いくつかの絵本や漫画からも，生と死の曖昧な世界に思いを馳せた。

大島弓子の漫画には，死者と生者が自然に交わる世界が描かれたものがたくさんある。「綿の国星」という作品の「葡萄夜」では，一人暮らしの老女が亡くなった後，その空き家に老女のシルエットにそっくりな化け猫「タマヤ」が出るようになる。この「タマヤ」は，「あたしゃ，生身のオス猫だよ」と言いながら，亡くなった老女を待ち続けるのだが，このタマヤは「若いオス猫であると同時に人間の老婆でも」あり，また「死と生を同時に生きる存在」でもあり，「タマヤのなかには，合理性が支配する世界とは異なった時間が流れており，そこでは若さと老い，男と女，生と死はひとつに重なりあい，今この一瞬に同時に生きられている」そんな，不思議な魅力にあふれた存在である（明石，2003）。

・タマヤの，生と死，男と女という一般的には全く別物ととらえられがちなことをいっぺんに兼ね備える姿を見て，なんだかほっとする自分がいた。私たちは，くっきり物事を分けすぎなんじゃないか。はっきりしないと不安，というのもあるけれど，タマヤはわたしたちにはっきりじゃなくていいんだよ，曖昧でいいんだよ。と諭してくれているような気がした。

・大島さんの作品では，私たちが想像するような死は絶対的なモノではなく，死がその人の人生を終わらせるような描き方ではないと感じた。死んでしまったとしても，生きている人間が亡くなった人と過ごしたかった時間にその人を思い出す，想像することで，ただその人の中に存在するというだけでなく，一緒に時を刻んでいるという感覚になるのではないだろうか。

・ラストだけではなく，お話の過程では，猫は幽霊に乗り移られ，空中に幽霊を

見ると語るお父さんの姿があったり，タマヤが死者の世界に入りおばあちゃん
に別れを告げたりと，生の中に死を見出す場面があることで，生者と死者の繋
がりを意識し，生と死が同じ毛糸に編み込まれたマフラーの中に私たちは生き
ているように感じた。

「同じ毛糸に編み込まれたマフラーの中」というイメージは温かい。「生と死
がはっきりしないと不安」という不安もありながら，しかしそれらの区別が曖
昧であることに「なんだかほっとする」のは，なぜだろう。

　保坂和志作の「チャーちゃん」は，主人公の猫，チャーちゃんが自分の死に
ついて軽やかに語っているのが印象的な絵本である。

ぼく，チャーちゃん
はっきり言って，いま死んでます。
てか，踊ってます。
死ぬと踊るの違い？
よくわかんないよ，ぼくは。
生きてたときは，走って遊んで走ってました。
ご飯？　なんだっけ，それ？
踊ると遊ぶの違い？
ないんじゃない？　そんなもん。
死ぬと生きるの違い？
よくわかんないな。
死んでも生きても，ぼくはぼくだからね。

（保坂，2015）

『チャーちゃん』
（保坂和志 作・小沢さかえ 画，
福音館書店，2015年）

・面白い世界観の本だと思った。私は子どもの頃，死が怖くて仕方がなかった。
　死んだ後の世界を想像して眠れなかった夜が何度もある。その時にこの絵本を
　読んでみたかった。死んだ後の世界は真っ暗だと思っていたが，この絵本を読
　んだ後は明るく色づいた。
・チャーちゃんの「てか踊ってます」という軽い口調ががとても気に入って，で
　もそれゆえにか切ない気持ちになった。

・生と死は手を伸ばせば互いに触れ合えるような隣あう存在であるように感じた。生者の心の中に，あるいは様々な場所やモノの中に残っている思い出がある限り，その人は生か死かに分割では割り切れない，重なり合うグラデーションの中に存在しているのかもしれない。

・私から溢れる感情や思いは，心臓や脳など科学的に説明されるものだけで成り立っている訳ではないと伝えられているように思えてきて，自分が生きたいように直に生きていきたいと強く感じた。

　一方，こんな感想もあった。

・チャーちゃんは自分が死んでいることを認めているから，自分を保っているのだと思う。
・一つ気になったのがチャーちゃんは「パパ，ママ」という言葉を使っているが，本の中で一度も両親に会っている描写はない。やはり死んでしまったら，生きている人とは重なり合えないことを伝えているように思う。

　この一線があるということもまた厳然たる現実でもあるだろう。ただ，決して重ならない点があるということは，必ずしも生と死は全く切り離されたものであることを意味しない。

・チャーちゃんの「みんないっしょにおどってます」という言葉はちょっとおかしくて，くすっと笑ってしまった。同時に，このように死についてライトに語れる場はやはり必要なのではないかと感じた。死はこの社会では忌み嫌われ，タブーな話題となっているが，それが人々の死を窮屈なものにし，生をも窮屈にしているのではないか。

　「ライトに語る」とは決して，死を軽んじるという意味ではないだろう。と同時に，沈痛な面持ちでないと語れないものではなく，もっとふつうにあるものといってよいのかもしれない。

・生きるということは自分の持った体で全力で生きていくことであり，死ぬということは心で生きていくことであると感じた。生と死が繋がった瞬間はこの世界にいる人間が心で会話ができたときであると思う。常に人は時間に追われ，目の前の壁に追われている。しかし，何も考えなくなった時，心の重みが少し緩んだ時，人は心での会話ができてつながりをもてるのだと考える。

　私たちはふだん死をできるだけ遠ざけることで，安心を得ようとしている。けれども，どれだけ遠ざけようとも，死はなくなるものではない。むしろ，死んでも「心でつながりがもてるよう」な，日常のすぐ隣に当たり前のように死者が息づいていると感じられることで，私たちは自分の生を確かなものと感じながら，安心して生きていくこともできるのではないだろうか。

　かつて私はある老人病棟で出会った認知症の女性に，ぽん！とこんなことを言われたことがある。

　　「楽しめ！　楽しむいうんは，死んだ人の名前，覚えてること！」

　この女性は「死んだ人も」「生きてる人」も等しくその胸に抱えて生きておられるようにも，あるいは死者も生者も同様に生きている世界にいらっしゃるようにも思われた。「楽しめ！」は，そうした世界への誘いの言葉だったかもしれない。"生を楽しむ"とは，本当はそういうことを言うのではないだろうか。

第5章

生きることの不思議

 ## 1. 老いるとは

　第1章では，誰もが経験してきた「子ども」をテーマとしたが，最後の章では，誰しもにいずれは訪れる「老い」をとりあげる。核家族化が進む現代では，祖父母は必ずしも身近な存在ではないかもしれないが，おじいちゃん，おばあちゃんとの思い出や，両親の老いの兆しを感じるようなことは，多かれ少なかれあるだろう。遠くて身近な「老い」に耳を傾ける時，どのような声が聞こえてくるだろうか。

皺にこもっているもの

　歳をとるとは，歳を重ねていくとは，どういう体験なのか。『ハルばあちゃんの手』は，ハルという女性の一生を，その「手」に注目しながら語った絵本である。赤ちゃんのぷっくりとした手，少女の愛らしい手，働き盛りの手，そして年老いた手…その絵は写真と見紛うほどの精緻さで，皺の1本も見逃さないほどであるが，実は様々な鉛筆を使い分けて描かれていて，鉛筆独特の温かみが感じられる。

　これを描いた木下晋さんは，たくさんの老いの肖像を描いているが，「皺は美しいもの。説得力がある」と語り，絵本のハルさんのモデルとなった女性について「静かだけど，どーんとした感じ。生の確かさがある」と述べている（NHK，ETV特集「"老い"を描く」，2005年9月17日）。

　老いた手には，これまでの人生の様々な喜びや悲しみが確かに刻み込まれ，まさに老いは人生の結晶であることが伝わってくる，そんな絵本だ。

『ハルばぁちゃんの手』
（山中恒　文・木下晋　絵，福音館書店，
2005年）

・鉛筆画を見て，温かさのようなものを感じた。もし触れることができたら，その手を握ると安心できるような，"きっと大丈夫"と思わせてくれるように感じた。

・木下さんが言った「静かだけど，ドーンとした感じ」という感覚は，樹齢何百年という木を見ているような感覚と同じようなものなのかなと思った。

・私の祖父は私が小学生の時に亡くなって，ぼけてしまっていたので，私のことは認識していなかったと思うが，祖父の老人ホームから帰る時，必ず私の手を握り「風邪をひかないように，転ばないように」と言ってくれていた。その手がとても温かくて優しい気持ちになったのを思い出した。

この絵本と重ねて，私がかつて老人病棟で出会った女性の語りも紹介した。

　走馬燈のように思い出しますよ。ずっと昔のことを。
　初恋の人のことでもね。
　あなた，初恋はいくつの時でした？
　私は18，9の時。
　で，どうだったの？
　そう，やっぱりね。初恋は実らない…。
　飛ばはったらよかったのに。
　今でも夢に出てきますよ，今でも。
　おかしいでしょ，若いころのままの姿で（うっすら涙）。

また別のある女性はこんなことを語られた。

　私は子どもは5人産んでるの。
　でも2人は死んだ。生まれた時に死んでました。
　2人とも。
　でも，赤ちゃんの力とお母さんの力が合わさって出てくるものなのに，よく出てきた。

産婆さんも不思議がってました。
（死んだら）力がないはずなのに。
これも運命ですね。死んで出てきた。
2人とも女の子でした（泣き笑い）…。

あとの3人は元気にしてます。
長男とあと2人は女の子。
元気だったら，女の子が4人も。
どうなってたでしょうねぇ？
でも，こればっかりは，天然のことだから。
かわいそうなことしました。
それが今でもここ（胸をくるくると撫でられ）から抜けないんです。

　ここで語られている「今も」とはどんな感じだろう？　こうした思いを何十年も──おそらく人知れず──抱えてこられたということの凄さが思われる。

・二人の女性のお話からは，ご本人らが過去の自分を見つめながらお話されているというより，本当にその頃に戻ったかのような印象を受け，老いは単なる時間の積み重ねではないのだな，と感じた。

・「大切な思い出は，ずっと自分の中に息づいて，今も生きているもの」という言葉が実感として感じられるようなお話だった。先生の言うように，思いを何十年も抱えて生きてこられたことがすごいと思ったと同時に，悲しい思いや切ない思いをずっと大切にして生きてこられたのだと思うと，お二人の女性はそれを大切に抱えられるだけの強さを持ちあわせておられるのだなと感じた。しわは，しわがこれまでに生きてこられた人生の結晶であるから説得力があるだけでなく，そのしわの向こうに限りない強さと生々しさを見ることができるから説得力があるのではないかと思う。

　こんな声もあった。

・今，精神疾患を持つ祖母の介助をしていて，高齢者にあまり良いイメージがな

い。人のことなどどうでもよく，周りにどれだけ迷惑をかけようが，自分が良ければそれで良いという祖母。その祖母から私は正直，生の確かさを感じられないし，何があっても大丈夫という安心感より私が何か家族に負担をかけてはいけないという強迫観念に襲われる。老いに対してこんな良いことがあるよと言われても，今の私には綺麗事で他人事のように思えてならない。包容力があって，存在を肯定してくれるおばあちゃんがいる人が羨ましくて仕方がない。

　彼女の引き裂かれるような思いが，とても伝わってくる。別の回では「高齢者を心から嫌いになりたくない気持ち」と「攻撃的で怖い存在でしかない」祖母との間で「泣きそうになる」という感想もあった。この揺れ動きの中にこそ，老いというものとの真の出会いもあるのかもしれない。

高齢者にとっての「老い」

　高齢者自身にとって，老いるとはどんな体験なのだろう。
　絵本『100万回生きたねこ』でよく知られる佐野洋子が63歳の時に書いたエッセイ「これはペテンか？」で——これが書かれた2003年は，60歳以上が高齢者とされていた——初老に入った心境を，歯に衣着せぬ独特の文体で綴っている。
　エッセイはこんな風に始まる。

　88歳の痴呆（引用者による注：現在の呼称は「認知症」）の人が聞く。「あの失礼ですけどお幾つでいらっしゃいますか」。痴呆でも「失礼ですけど」と云うんだと感心しながら「はい，63ですよ」と答える。答えても無駄なんだよなあと思ったとたん「あの失礼ですけどお幾つでいらっしゃいますか」「63です」「あーあ63，そうですか，あの失礼ですけどお幾つ？」。自分で何回も「63」「63」と発音するのにくたびれて「お母さん。わたしゃ63だよう」とすごんだ声になる。何回も同じことをくり返すのにいらつきもするが，自分が63と云う事にだんだん驚いて来る。
　まさか私が63？当たり前で何の不思議もないのに，どこかに，えっまさか嘘だよなあと思うのが不思議である。「お母さんはおいくつになられました？」「私，えっ私，そうねェー4歳ぐらいかしら」。昨日入れ歯が神かくしにあった様に消えてしまった。上の入れ歯を外した人は皆異様な人相になる。

上唇が下唇にめり込まれて，口の中心であったらしい凹んだところから強い
しわが放射線状に散っている。おしりの穴みたい。
　ついに 4 歳！
　いつか42歳と答えられて，ショックを受けたが，大笑いしたものだ。意地
悪く私は云った。「そうか，私，母さんより年寄りになったんだ」。あの時は
まだ私の名前を時たま口にしていた。私が子である事が時々はわかっていた。
あの時母は明らかに混乱した。あの時から私は母に年齢を確認させる事をや
めた。私がどこかの「奥様」であろうと，「そちらさま」であろうと，この
人の中で私はどこかで動かぬ子として存在していると感じる。4 歳。今日私
は笑わず，しわくちゃの 4 歳を見て「ふーん」と思う。そういう事なんだよ
なあ，4 歳。

(佐野，2003)

・名作の「百万回生きたねこ」の著者ということで，長く生きることや老いるこ
とに対して達観した考えを持っているのかと思っていたが，気づいたら63歳に
なっていた自分の老いを日々実感し，信じられなくなっている様子がなんとも
素直で人間的であった。

・21歳の今の私ですら，えっまさか私が21？うそだよね？と思う時があるけれど，
63の彼女の気持ちとはまた違うものなのか同じなのか。

・おばあちゃんと何を話したらよいか分からなかったが，おばあちゃんだって自
分と同じ年の時代があったのかと思うと，話すことなんて切って捨てるほどあ
ったのだと思う。

「切って捨てるほどあった」という表現が面白い。ただ「たくさんあった」
というよりも，当たり前すぎるくらいそこらへんに転がっていたじゃないか，
といった感じだろうか。

　こんな感想もあった。

・私は19歳でまだまだ「若いね～」とチヤホヤしてもらう事が多いが，あと 2 年

ほどしたら大学には年下ばかりになる。学校を小さな社会と捉えるとするのな
ら，高齢者の気持ちはよく理解できる。いつまでも自分は若いし，社会には上
の人がたくさんいると思っているが，そんなことはないという現実はとても寂
しい。悩むほど大きな感情ではないけど，その寂しさは誰もが経験するもので，
誰もがつきあっていくものだと思う。

エッセイでは，映画館の窓口で「シルバー割引」と言ったら何の疑いもなく，
すーっと券を差し出され，他人にもシルバーに見えるんだと驚いたという場面
もある。そこからこんな体験を思い出した学生もいた。

・アルバイト先でシニアの方にポイントカードの更新をしますか？と聞くと，
「そうね，します。長生きしなくちゃね」とおっしゃる方と，「もう先がないか
らしなくていいわ」と笑いながらおっしゃる方などがいた。そんな時，少し切
ない気持ちになる。また是非いらしてくださいという言葉が引っ込んでしまっ
た時もあった。

「笑いながら」にも，様々なニュアンスがあるのだろうが，「また是非いらし
てください」という言葉は店員としてだけでなく，素直な気持ちとしてあった
もののように思われる。それでもその言葉を言うのを憚らせたものとは何だっ
たのだろう。
　佐野さんはまた，子どもの頃はおばあさんは生まれつきおばあさんだと思っ
ていたこと，おばあさんが80なのか60なのか知ろうともしなかったこと，鏡に
映る自分の顔にギョッとしたり，一方で空を見ている時の私は60歳であろうと
4歳であろうと変わらず，混んだ都会の交差点で「こん畜生！」と叫ぶのは，
30歳も50歳も同じである等々を生き生きと語り，最後はこう結んでいる。

> 　そして，63歳になった。半端な老人である。呆けた88歳はまぎれもなく立
> 派な老人である。立派な老人になった時，もう年齢など超越して，「4歳く
> らいかしら」とのたまうのだ。私はそれが正しいと思う。私の中の4歳は死
> んでいない。雪が降ると嬉しい時，私は自分が4歳だか9歳だか63だかに関
> 知していない。

　　呆けたら本人は楽だなどと云う人が居るが，嘘だ。呆然としている4歳の
　88歳はよるべない孤児と同じなのだ。年がわからなくても，子がわからなく
　ても，季節がわからなくても，わからないからこそ呆然として実存そのもの
　の不安におびえつづけているのだ。
　　そしてやがて私も，そうなるだろう。63でペテンにかかったなどと驚くの
　は甘っちょろいものだ。
　　　　　　　　　　　　　　　　　　　　　　　　　　　　　　（佐野，2003）

・老いというものは，急にドーンとやってくるのではなく，長い年月をかけてゆ
　っくりと蓄積されていくものなのだと思った。また「いったい幾つになったら
　人は大人になるのだろう」という言葉には心から共感した。
　先の未来の自分を想像しても何のあてにもならず，誰もがその年齢に達して初
　めてその年齢の自分と出会うのではないか。そう考えると，年を取ることも少
　し悪くないかなと思えてくるような気がした。

・自分の加齢に対して驚きはするが，それにショックを受けたり，変えよう（若
　返りたい）と思ったりするのとは違うと，この文章を読んで感じた。少し動揺
　したり，ショックを受けたりするくらいで，本当は痛くもかゆくもない，堂々
　とした老後の姿が思い浮かぶ。最後の一文にそれが表れていたと思う。

　88歳の認知症のお母様に関する言葉についてはこんな感想があった。

・「わからないからこそ呆然として実存そのものの不安におびえ続けている」，こ
　れは本当に怖いことだろうと思った。何にすがったらいいのかわからない，い
　つまでも安心感を得られない。でもそれでも何とか自分の中で辻褄を合わせた
　りしながら生き抜いている。老いるとは生半可なものではないのだと思うと同
　時に，静かな荒波の中で生きている認知症の方に対して敬意を持って関わりた
　いと強く思った。

　確かに老いるとは，認知症になるとならないとにかかわらず——認知症は，
ある意味，それが濃厚になる面はあるかもしれないが——これまでの大切な人
生を抱えつつ，それらが失われてもいく中を，人知れず闘う過程でもあるのか

もしれない。

　こんな感想もあった。

・死の前には，何かしら自分が自分ではなくなってしまう過程をそれぞれが歩んでいかなければいけないのだと，初めて過程について考える時間となった。

・祖母は家の近辺に住んでいるため頻繁に会い，よく会話をするのだが，ふとした瞬間に，聴いているこちらが辛くなるような話をしてくる。その際，祖母は話の終わりに「まぁ貴方がいるからおばあちゃんはうれしいよ」と言ってくれるのだが，何気ない話から祖母が内面に抱えている感情を知り，複雑な思いになってしまう。自身も老いを重ねたらこのような気持ちになってしまうのだろうか。

　この「複雑な思い」は，アルバイトでお客さんに「もう先が長くないから」と言われて返答に窮したという先の感想とも通じているかもしれない。どこに分類したらいいか分からない，処理しきれない何か。それはこちらがどうしてあげられるものでもないだろう。けれど，そうしたものを抱えて生きていることへの尊敬の念をもつことはできる。私たちにできることは，そうしたことくらいなのではないだろうか。

　この回の全体を通しては，こんな感想があった。

・なんと表現すればよいのかピンとこないが，今回の授業を受けて「老い」というイメージに対し，少し自分の中で色がついたというのが正直な感想である。今までは老化と聞くと，身体能力の低下や物忘れなど人生の終わりに向けて進んでいくという灰色のイメージを漠然ともっていた。しかし力が弱っていくという事実は変わらずとも，木下さんの鉛筆画でも表現されているように，どこかあたたかいものを感じるようになった。ハルばあちゃん，佐野さんの話で共通してくる悲しい経験というのは，本当は自分はしたくない。したくないけど，そういう経験が今と過去の自分を繋ぎとめる役割を果たしているのではないか。

「悲しい経験は本当はしたくない」というのはとても正直な気持ちだろう。「したくないけど」必要なこととして引き受けていくか。そんな気持ちにさせられるのが，「老い」というものなのかもしれない。そんなことをあらためて考えさせられた。

 ## 2．認知症の人の思い，家族の思い

老いることは，ただの灰色ではないかもしれないし，私たちの生にとって，何か大切な過程なのかもしれない。そうは思っても，認知症になることへの恐れは，学生の中でも大きいようだ。人のお世話になるだけではなく，何も分からなくなるのは怖い。そのようになっても「生きている」と言えるのだろうか？　「記憶が薄れゆく中で何を鮮明に覚えているのだろう？」といった言葉もみられた。

もし自分がこのような状況になったら…

認知症になるとは，一体どういった体験なのだろうか。例えばこんな場面を思い浮かべると，どんな感じがするだろう。

> ある朝，家族に「そろそろご飯にしよう」と言うと，やけに妙な間があいて，「さっき食べたばかりじゃない。みそ汁を3杯もおかわりして」と言われる。
> 昨日電話をかけてきた伯母の話をすると「3年前に死んだじゃない」と言われる。
> (進藤，2002)

もう一つ。これはまた別の場面である。

> ある朝，目が覚めたら，飾り一つない見知らぬ白い部屋の中に寝ている。現れる白い服を着た人たちはやけに愛想はいいが，「なぜ自分はここにいるのか」「どうすれば家に帰れるのか」を聞いても，あいまいな返事しかない。トイレに行こうとしても，どこにあるかわからない。やっと家族が来たと思

ったら，すぐに「いい子にしててね」と言って帰ってしまった…。

（進藤，2002）

・自分自身が認知症という立場だったら…などは考えたこともなかったため，想像しようとすること自体にすごく戸惑った。
・自分がもし認知症になったら，突然世界と私とが切り離されてしまったような，何かにつかまりたいのに掴むものがないような，言いようのない孤独感にさいなまれると思う。

・なんで？なんで？自分が自分でないような感覚。
・焦りや不安，自分が何もかも忘れてしまったことの怒りがわくのではないか。その怒りを身近な人にぶつけてしまうかもしれない。

・ただ痛いとか苦しいとは違う感覚，好きも嫌いもなく，心の繋がりが切れた感覚を覚えた。

　様々な感情が湧くが，確かにそこには「世界と私が切り離されてしまった」「心の繋がりが切れた感覚」があるのかもしれない。
　こんな感想もあった。

・漠然とした分からなさという感覚がなんとなく分かる。スケールは小さいが，今就職活動を始めていく時期で，そういう分からないことが分からないという状態になることが多い。自分のやりたいことを明確にしていくうえで色々なことを考えたり，人と話したりしているのだが，自分は何がすきなのかとか，何がしたいのかとかが，複雑で分からなくなってくる。何が分からないのか分からないと，人にどう聴けばいいのかも分からないし，そもそも自分が間違った考え方をしていることに気づけない。

　あるいはこんな感想もあった。

・混乱はもちろんするだろうが，一番は悲しみが大きいのではないか。
・一人でも「だよね〜」って同感してくれる人がいるだけで全然変わるんじゃないか。

　この「だよね〜」に呼応するかのような，こんな感想もあった。

・誰も絶対に分かってくれないという閉ざされた心は，誰が介入しようとしても簡単には開かない。しかし，ふと受容してくれているような言葉が語られた時，その壁がボロボロに壊されるというよりも，壁が熱で溶けているという感情になることがある。自分もこのような経験をしたことがあった。

　「壁が熱で溶けている」，まさにその実感が直に伝わってくるようだ。

「切り離される」体験と，心がふっとつながる時

　慣れ親しんできた相手と「切り離される」体験は，認知症になった人だけが体験しているわけではない。ご家族など身近な人たちもまた，大切な人が目の前にいるのに，失われたような，痛切な思いをされている。
　学生からは，こんな声が寄せられた。

・そこにいるのは確かに自分のおばあちゃんだけど，おばあちゃんではない別の生きもののような感じがするのはよく分かる。私の祖母も認知症で，私とは長い間会っていなかったので，会った時には毎回「誰だぁ？」と言われてしまう。だけどそれは仕方がないことだし，どうしようもないので，毎回「あんたの孫だよ〜」と教えてあげる。全く私のことを覚えていないのかはわからないが，以前は名前を呼んで「元気かぁ？」と聞いてくれていたのに，今では私の名前すら知らない祖母が，私の知っている祖母とは全く別人のような気がしてしまう。悲しくもあり，不思議な気持ちにもなる。

　「誰だぁ？」「あんたの孫だよ〜」というやりとりが温かい。「悲しくもあり，不思議な気持ちにもなる」，本当にそうだろう。こんな声もあった。

・よく認知症はその人自身の気持ちが若い頃に戻っていると言われるが，私の祖母も，言動から結婚や出産をするより前に戻っていると思われる。それを逆手にとって私と出会う前の若い頃の新しい「祖母」として接することで認知症を前向きに捉えられるのではないかと思った。しかしそれは一方で前の祖母とは区切りをつけることあり，今の私にはどうしてもその境目を超える勇気がない。

「どうしてもその境目を超える」気持ちになれないのは，それだけ今までのお祖母様との思い出が大切なものであるということでもあるだろう。

　認知症になった人と，ご家族や身近な人との間にできた切れ目や境目，あるいは壁は，どのような時に溶け，ふっとつながるのだろうか。

　呆け老人を抱える家族の会（現・認知症の人と家族の会）が編集した『痴呆の人の思い，家族の思い』という本では，ご家族が認知症の人と心通わせた瞬間が綴られている（ちなみに，この会のスローガンは，"ぼけても心は生きている"である）。

　何回も同じことの繰り返しで，説明に疲れて，大声でどなりそうになった時，「言葉ではやさしく言ってくれるが，目が怒っている」と言われ，ドキっとしました。

　何回も同じことを聞くので，「これで6回目やで」と言ったら，「何回も聞いてくれて，ありがとう。さすが私の子どもや」と言った。

　正常と痴呆の部分が混在しているようで，「何かふぁ〜として，夢を見てたような気がする」と言う。

＊　　　＊　　　＊

　主人はいつもおむつをしていますが，便が出そうな顔の表情でしたので，トイレに座ってもらいました。しばらくすると，急に立ち上がり，止めるのも聞かず，トイレを出て，廊下へ便をポトポト落としながら歩き，私があわてて居間に敷いた新聞紙をわざわざのけて，畳の上に座り込みました。その汚れた状況に，私は思わず泣き出してしまいました。そして，「お父さん，こんなことが続いたら，私まで病気になってしまう。私の言うことも聞いてほしい」と，しんみりと本気で言いました。その時，主人は「僕も，しっかりせなあかんと思うんやけどなぁ」と辛そうな，困ったような表情でしんみりと言いました。

　主人の「しっかりせなあかん」という思いとうらはらに，思わぬ結果にな

ってしまいます。主人も自分自身のコントロールができず，「辛いんだなぁ」と判り，はっとしました。主人と心が通じた一瞬でした。

＊　　　＊　　　＊

　行方不明になり，自宅まで送り届けてくださった交番のおまわりさん，タクシーの運転手さん，そして，しばらくの間，母の様子を見守ってくださった隣家のご夫婦に対し，「皆様，ご迷惑をおかけいたしました。娘がかえってきたので，もう大丈夫ですよ。ほんとに有難うございました」と丁寧にお礼のあいさつ。私の帰宅が遅くて迷惑をかけたと，母は思いこんでおり，私の代わりに感謝の気持ちを表現したつもり。
　母にとって，徘徊しているのは私であって自分ではないらしい。とんだ娘思いの母親です。

＊　　　＊　　　＊

　「あとは大丈夫か」。これが最後の言葉になりました。ほとんど言葉では通じなくなっていた主人の口から，はっきり言ってくれた言葉です。特別養護老人ホームでの面会の時に，夫婦生活57年間のいろいろなことを思い出し，聞こえても聞こえなくてもよいと思い，私の気持ちを，手を握りながら語っていた時でした。主人の言葉に私はドキっとしました。今まで，一方通行だと思いながら話しかけていましたが，本当にうれしかったです。

（呆け老人をかかえる家族の会，2004）

・「目が怒っている」や「困ったような表情でしんみりした」「手を握りながら語っていた」など言葉を通したやりとりを超えるくらい言葉以外で，私たちは相手に気持ちを伝えることもまた感じることもできるのだとあらためて感じた。「ぼけても心は生きている」とは，まさに人間が持っている，感じる心を介したやりとりの中で新たな気づきとなった瞬間を切り取ったものだと思った。

またこんな感想もあった。

・もし自分の母がボケてしまったら，私の歳を忘れたり，自分のことも忘れたりするかもしれないが，過去に母が私に注いでくれた愛情は変わらない。増えるわけでもなく，減ることもなく。何ならボケていたって愛情を自分に注いでくれているのかもしれないということを思った。

　ボケることは，今までの大切なつながりが断たれることのようで，それを超えたつながりを感じさせられることもあるのではないだろうか。そんな可能性にも心をひらくことができればと思う。

3．ただそこにいることで

　ふぁ〜っとした感覚の中で，底はかとない不安も抱えながら，どこかで大切な人への思いも変わらず持ち続けている。そんな認知症の人同士は，どんなコミュニケーションをとっているのだろう。

「偽会話」と「仮の関係」

　認知症人同士の会話として，よく知られているものに「偽会話」というものがある。「偽」とは，一見会話のようで，話がかみ合っていないことからこう呼ばれているものだが，かみ合っていないようで，そうとも言えない，不思議なものである。

　例えば，こんな会話がある。

　Aさん「今日はいい天気やねぇ」
　Bさん「そうじゃそうじゃ，うちの息子はいい息子よ」
　Cさん「ほんに，今日のご飯はうまかったな」
　Dさん「そういうことよのう」　　　　　　　　　　　　　　（小澤，1998）

・全く話がかみ合っていないところに，どこか面白さを感じた。それぞれが自分の世界を生きる事が許されているような彼らに少し羨ましさも感じた。

・話したいことを話したいだけ話して，それに対して適切な返答でなくても聴いてくれている，相づちを打ってくれる対象がいることで安心できる，一人じゃない実感が得られるのではないか。

・この会話から誹謗中傷につながらないコミュニケーションの仕方を学べるのではないかと思った。

　確かに私たちは「一人じゃない実感」を求めて，あべこべに辛いコミュニケーションに陥っていることもあるかもしれない。

　認知症高齢者同士のかかわりには，偽会話のほか，これとも通じるものとして，相手を自分の昔からの馴染の家族や連れ合いのように思う「仮の関係」（阿保，2010）というものもある。

・私たちは，話を聴いてもらって何らかのリアクションだったりフィードバックを求めがちだが，ここではそういった気を遣うなんてこともあまり考えなくてよさそうだし，これはこれでうらやましいなと思ってしまった。私たちは何らかの制約に縛られて，遠慮するということを常に行っていて，逆にそれこそ仮の関係なのではないかなとも思った。

　「うらやましい」という言葉がちらほら出てきたが，本当に私たちが求めている人間関係とはどのようなものか，考えさせられる。

　偽会話とも思われる，不思議な会話には，こんなものもある（村瀬，2011）。福岡にある宅老所「よりあい」というところで暮らしておられた，健治さんとキヌさん，お二人の会話である。

健治：わたしの所在はどこでしょうか。
キヌ：ぜんざいが欲しいとなぁ。
健治：いやぁ，私の「しょ・ざ・い」はどこですかぁー。
キヌ：あー。ぜんざいがほしいとなぁ。
健治：いや，ぜんざいは関係ありませんよ。
キヌ：（怒）ここは，ぜんざいなんか，売りよらん。
健治：なし，こげなったか，さっぱりわからん。なし，ここにおるとですか。
キヌ：早よ，死なないかん。今まで，悪行を重ねてきたから死ぬことができん。早よ，死んで地獄に行かなぁ。
健治：今が地獄ですよ。
キヌ：私からみれば，あんたが極楽じゃ。

> 健治：そうでしょうか。そうは思いませんけど。これからどうしたらいいん
> 　　　でしょうか。
> キヌ：そら，ナンマンダブを唱えるとたい。仏様が迎えに来る。
> 健治：ナンマンダブ。
> キヌ：ナンマンダブ。
> 健治：ナンマンダブ。
> キヌ：よか人なら死んどる。
> 健治：よか人なら死んどる。
> キヌ：あんたの話はよー頭に入る。もっと話してね。
> 健治：私はどうしたらいいんでしょうか。
> 　　　　　　　　　　　　　　　　　　　　　　　　　（村瀬，2011）

　お二人の会話はこの後，まだまだ続くが，どことなくユーモラスでありなが
ら，どこか意味深でもある。

・認知症の方々同士の会話はフィクションなのではなく，私たちにはわからない
　何か暗号なのかもしれないと思った。一見普通の会話のようだが，本当に話し
　たいこと，あるいはつぶやきのようなものをカムフラージュしているように見
　えた。

　一見，かみ合っていないような，あるいは一見何気ない普通のような会話の
中に，大切なものは潜んでいる。

ただそこにいることで

　授業では，この宅老所「よりあい」の様子を紹介した「ただそこにいること
で」という番組の一部も視聴した（NHK「ETV特集」，2003年12月20日放送）。
「ただそこにいることで」とは，詩人谷川俊太郎が，この宅老所を訪れてよん
だ詩のタイトルでもある。
　映像から，自身の体験を重ねた学生もいた。

・わたしの祖父は90歳を超えていて施設に入居している。だからこのような認知
　症のおじいちゃんおばあちゃんが自然体で笑って生きている姿を見ると妙に安

心感を覚えた。いざ祖父が施設に入るとなった時に言った「私を見捨てるの
か」と言う言葉が忘れられなかったからである。泣かれた。私に直接言われた
わけではなく，居合わせただけだが，その時の映像は今でも忘れることができ
ない。わたしが生まれた時から一緒に暮らしてきて，小さい頃は共働きの両親
の代わりにたくさん愛を持って育ててもらってきた。本当につらかったし，そ
の言葉が重すぎて，わたしには受けとめきれないものがあった。

でもこの「よりあい」のお年寄りの方々の生き生きとした表情を見て，祖父も
家族に面倒を見てもらっていると気負うことなく自然体で過ごせているのでは
ないかと思った。もともと祖父は責任感の強い人だった。だからこそ意地を張
っていただけで，本当は今の暮らしに少しは満足してくれているのではないか
と信じたいと思った。人は歳をとると赤ちゃん返りするというが，それは否定
できない生理現象だ。そんな祖父にこれからも長生きしてもらって，わたし自
身もしっかりと向き合っていきたいなと思う。

谷川俊太郎の詩「ただそこにいることで」の一節にはこうある。

> 老人たちはもう人生を問わない
> ただそこにいることで　人生にこたえている
> そのこたえが問い返す
> あなたにとって私たちは大切でしょうか，と
> 　　　　　　　　　　　　　（谷川俊太郎「ただそこにいることで」より）

・"ただそこにいることで"高齢者にはメッセージを伝えられる力というか魅力
があるのかなと思った。うまく言えないけれど，何ができるとかではなくとも
高齢者から学ぶことがあったり，高齢者とのつながり，介護，交流などを通し
て私たち自身が気づいていなかったことに直面したり，生きること死ぬことに
ついて考えさせられるその起源となる存在というか。

・ただそこにいる。しかしながらそこにいるということは，そこからあらゆるこ
とが始まり，可能性で溢れていると思われ，私たちにとって非常に大切なこと
だと思った。

　老いは，あるいは認知症は，怖くもあり，豊かでもあり，不思議でもある。ただ，そこには，先の健治さんが繰り返し語っていたように，あるいは佐野洋子さんのお母さんも言われていたように「私，どうしたらいいの？」という，人間の根っこにある不安がそのまま立ち上ってくるところでもある。

　作家の佐江衆一の小説『黄落』（1995）には，こんな場面がある。主人公が，妻から認知症の自分の母親に「私，どうしたらいいの？」と問われたと話すシーンである。

> 「私，どうしたらいいの？」
> 　その言葉に私はたじろいだ。私の母はそうは訊ねなかったし，父も聞こうとはしないが，死を間近にした老人は誰もが，無言のその問いをわが子に発しているのではないか。私には答えられない。
> 「君は何と答えてあげたの」
> 　妻は事もなげに言った。
> 「『何も考えないでいいのよ』って言ったわ。（中略）『ここにいればいいのよ。わたしもここにいるでしょう』って」
> 　　　　　　　　　　　　　　　　　　　　　　　　　　　　　　（佐江，2003）

・「ここにいればいいのよ」という言葉が最も印象に残った。ただそこにいればよいのである。私自身，たとえ自分の両親がこれから歳をとって，認知症などを含む様々な病にかかったとしても，私の言葉が理解できなくなったとしても必ず共にいたいと思う。自分の言葉を必ずしも理解してくれなければならないという必要はないからである。理解してくれなくても私は共にいたい。確かに介護などにおいて，心ない言葉を発したり，逆に発されたりするかもしれないが，それでも私は共にいたい。どんな病でも関係なく「ここにいてほしい」という気持ちがあれば十分ではないだろうか。

・自分の存在価値に気づいてる人間ってすごいなと思う。少なくとも今私は自分の存在価値って特にないのかなと思ってしまっていて，「私，どうすればいいの」状態かもしれない。
　正直，自分に存在価値を見いだす人の方が少ないと思う。それは何歳になっても変わりないと思うが，高齢になればなるほど存在価値について疑問を抱くこ

とが多くなってしまうのも無理はないと思う。実際に私の祖母の口癖は「明日
起きて死んでりゃええのに」だ。

でも，私にとって祖母は居てくれるだけで安心する。祖母だけではない。家族，
兄弟，みんな私にとって大切な人で，彼らが居てくれることに意味を付けよう
なんて思ったことはない。ただ居てくれるだけでいい存在だ。私のことも同じ
ように思ってくれる人がいるのかなと心配になるが，絶対にだれにでも自分の
存在を大切にしてくれている人はいる。「ただそこにいるだけで」いい，凄く
心にしみた。

　自分の存在価値を感じられない。こうした言葉は，これまでの感想でも散見
された。しかし，そういう人は年代を問わず多いのではないかと思いながら，
自分にとっておそらく理屈抜きに「居てくれるだけでいい」と思う人がいると
いうことの不思議。あるいは両親が認知症になったとしても，「それでも私は
共にいたい」と何度も言いたくなるという不思議。先にみたように「何ならボ
ケていたって私に愛情を注いでくれているのかもしれない」と思いを馳せた学
生もいた。

　大切な人が「居てくれるだけでいい」という感覚があるということ。これは，
自分が存在している意味があまり感じられないという今現在も，自分の内にあ
って，自分の存在を支えている核のようなものではないだろうか。そうした感
覚が掘り起こされる。それも「老い」の一つの力なのではないかと思う。

むすびにかえて

　2018年にこの「福祉心理学入門」を担当し始めた当初は，小さな声を聴くことが，若い人たちの，あるいは今の社会の生きづらさというものに，このように響くものとは正直考えていなかった。これまで日々若い学生と接してきて，その生きづらさというものを感じるところはあり，それは時に同じ時代を生きる者として，あるいは未だどこか青くさい心性を残す者として，私自身，共感するところがある一方で，その辛さをどのように受けとったらよいのか戸惑いも感じてきた。しかし，小さな声に耳を傾けた学生の感想からは，彼らの生きづらさがどんなところから来ているのか，またそれらがとき解されていく道をも示しているように思われた。それは一体どのようなものであったか。ここであらためて，ふりかえってみたい。

聴くことの幸い

　期末レポートの課題の一つでは「福祉心理学入門とはどういうものであると思うか」を問うた。私は「みみをすます」ことを基盤に据えて，私なりに授業を組み立ててみたが，そもそも「福祉心理学入門」とは何なのか，ほかの形や内容もいろいろ考えられると思ったからだ。ただ，学生たちはこの課題を自分が受けた授業はどのようなものだったかと捉えたようで——そうとる方が自然であって，私の説明不足だったかもしれない——それについての感想やこの授業のふりかえりが書かれていた。

　彼らの言葉を借りて，この授業の特徴を表すとすれば，「聴くことに特化した」「日常を問い直す」ものであり，「客観的な分析」によって明らかにされた「論理や制度」「集団の傾向」や「効果的な支援法」を学ぶというよりも，自身の「主観」を通して「人間が抱えるそれぞれの違った思いや問題を"知る""感じとる"」ことを主眼としていた，ということになるだろうか。「それが直接的に関わって課題を解決する訳ではないが，土台となることによって，ようやく他者に寄り

添い，苦しみを感じている人々のために "行動" することができるようになるのだと思う」と書いてくれた学生もいた。

　面白かったのが「大人としての第一歩を踏めた」，大人になるとは「心が大人になるということ」という感想だ。それは「小学生でもできることで，だからこそ，この講義をもっと若いときから学べたらよかった」とある。ここには小さな悔いのような痛み——それは彼の責任ではないと思うが——も感じられるが，"小学生にもあったらいいね" は，素直に嬉しい言葉だった。それは，人として基本のことで，誰にでもひらかれたものであることを表しているように思うからだ。

　こんな感想もあった。

・私自身これまでの人生において，知らないこと，興味がないことに対し耳を傾けたり，目を向けたりすることを避けてきたのかも知れない。おそらくそのようなことをしなくても，何となく生きてこれたからであると思う。

・自分に関係のないことについては深く考えることをせず，関わらないでおこうとする心理は誰にでもあるのではないかと思う。人はなぜ見ないふりをしてしまうのか。知らないままでいようとするのか。私は知ることが怖いという気持ちがあると思う。

　このように言う彼らが，自身の怖さを正直に認めながら，紹介した様々な声を，自然と自分のこととして聴いてくれたのも嬉しいことだった。居場所の話から始めたように，それは意図していたところもあったが，私が思っていた以上に，学生たちの方がそれを受け取っていて，私も "自分事として考えましょう（考えるべき）" といった意味で思っていたわけではなかったが，"ほかの人のことは自分のことと実際つながっているのだ" ということを，あらためて教えられる機会となった。

　この授業で紹介した声は，痛みを伴うものが多い。実際，聴いていて苦しくなったとも書かれてはいたが，少し驚いたのは，そうした中で，聴くことの幸

いとでもいうか，聴くことで自分自身が救われたというような言葉が散見され
たことだ。

・すごく多様な感情になる授業で，言葉で表すのが難しいくらい，複雑な気持ち
　になることが多かった。でもそのおかげで，人間の心とか物事の捉え方って白
　黒つけられる問題じゃないということを身をもって理解することができた。

・自分が気づけなかった，見えなかった感情を，他者の事例を通して知ることが
　できた。奥にあった言語化の難しい自分の心を理解できるようになった。気づ
　いてしまったぐちゃぐちゃで目をそむけたくなるような感情さえも，受け入れ
　る柔らかさを与えてくれたと感じている。

・人は，一つの正解を追い求めようとしてしまう。でも，正解なんてなくて，ず
　っと考え続けなきゃいけなくて，その中で自分なりの落としどころを見つけて
　いくしかないのだと学んだ。またその落としどころは，きれいである必要はな
　い。きれいさを無視したまっすぐな言葉選びが大切であると思った。落としど
　ころがきれいでなくていいということは，その方が心にまっすぐ届くというこ
　とに気づくことができた。その人の心のまんまだから，自分が納得できる。

　様々な声を聴くことで，心はぐちゃぐちゃになる。ぐちゃぐちゃになるが，
人の心はそもそもぐちゃぐちゃなのかもしれない。そのことに気づき，そのぐ
ちゃぐちゃがアリになる。
　こんな感想もあった。

・この授業では，テーマはさまざまであったが，生きづらさを感じている人の気
　持ちを聞き，それを自分に落とし込むことで，人間・いのちの価値や様々な生
　き方について考えることができたのかな，と思う。その中で一つ，気づいたこ
　とがある。それは，誰かの生きづらさや苦しみは，自分の生きづらさや苦しみ
　につながっているということだ。私は，役に立つ人間でいられるだろうか，と
　いう不安があった。自分は必要とされないのではないか，と考えるときもあっ

た。そんなふうに考えている時に，この授業で，生産性だけではない，人の価値について問いただすことができた。

この時，気が楽になったというか，本当に救われたような気持ちになった。

誰かを認めることは自分を認めることで，他人の苦しみと自分の苦しみは，根本的には同じものが原因だったのかもしれないなと思った。

また，この授業を「多様な人の声が織りなす美しくも難解な詩を読み解いていく作業」と捉え，「たくさんの声が重なり合っていたが，不思議と静かであった」という学生は，しかし，「声に新しい声が重なれば重なるほど」「身動きがとれなくなって」「もはや自分の立ち位置が分からなくなって導きの手があればと思うことが多々あった」とも告白し，次いで以下のように文章を続けている。

・故に，私にとって福祉心理学入門は，「自分も誰かの助けを求めて彷徨える人間の１人であることを自覚する第一歩」であると位置づけたい。様々な立場の人が織りなすポリフォニーの森の中を逍遥する中で，その森の中で迷子になる。その時私は間違いなく誰かの助けを必要としている人間である。

これはまさしく，どのようにいじめを切り抜けたらいいのか途方に暮れている中高生や，点字ブロックから外れてしまって身動きが取れない視覚障がい者の方と同じ境遇ではないか。

もちろん，われわれが授業のコメントに悩むことと，視覚障がい者の悩みを同じ次元のものとして考えることはできないかもしれない。しかし，その苦悩の重さ軽さの垣根を越えて，彷徨い声を上げなければならない１人の対等な人間であることを自覚することが重要なのである。

これを悟った時，以前とは違う景色が見えるだろう。様々な悩みを抱えた人を自分と同じ境遇にいると考え，抵抗なく手を差し伸べることができるようになっているはずである。そして，多様な同類の他者から，手を差し伸べられることになるだろう。

迷子になった時，誰かにすがりたい，教えてほしいと思うのは自然なことだ。それを求めに求めているのが現代という時代なのかもしれない。しかし，彼女

は導き手を望むところから，自分が迷子であると自覚することでこそ，出会えるものがあることに気づく。

　迷子は寄る辺がなく，「ぐちゃぐちゃ」はあまり恰好いいものではない。それは「生産性」に適ったものではないだろう。しかし考えてみると，迷子ではない人はこの世にいるのだろうか？ "彷徨っていていいんだ" "それがむしろ人間として本当なのだ" という気づきは，道しるべになる。

　弱さにおいてこそ，人は解かれ，真につながれる。

強さの弱さ，弱さの強さ

　この授業では，様々な声を紹介し，学生たちの感想を聴いてきた。いわゆる "教える" ということをほとんどしなかったのは，それがこの授業の趣旨に馴染まないことと，そうした形が許される場であったことはもちろんだが，実は私が教えるということに抵抗感が強かったことによる面もあった。

　「教える」には，それなりに望ましく正しいとされるようなモデルがあり，教える側はそれを知っていることが前提となっている面があるように思う。絶対的なものではないにしろ，ある領域について，ある程度知っていたり，経験のある者が，それを次の人に伝えることは，確かに必要な面はあるだろう。ただ，教える側は，ともすれば，そして年数を重ねていくにつれ，自分は正しいことを知っている人，あたかも自分が正義であるかのような錯覚をしてしまうことがある。誰でも多かれ少なかれ偏りはあるものだが，その自覚が緩くなり，平気で自分の考えはさも正しいと言えてしまう。自分の思う枠内に人をおさめようとするのは暴力的な行為だが，それをむしろ正義であるかのように思ってしまうこともある。

　この仕事を始めて5〜6年経った頃だったろうか。新入生歓迎の場で自己紹介をした際，"〜なようになってほしい" と伝えている自分に気づいて，愕然としたことがある。最初の頃，私はそんな言い方はしていなかったと思うのに，その時，ほかの言葉が思いつかなかった。願いは願いとして持っていてもよいのかもしれないが，私のフレームに合うようにしてもらおうとすると，お互いつまらないし，学生にとっても，私にとっても，それは不幸なことだ。

　もう一つ，教えるということや教員という仕事に私が抵抗感があるのは，

"正しいことを教えなければならない"という強迫観念が，いつのまにか"間違ってはいけない""ダメなところを見せてはいけない"という意識を生みだしてしまうことがある点だ。間違うことやダメなところは，誰にでもあるものなのに，それがあってはならないものとなると，自分でそれを認められず，隠そうとしてしまう。しかし，そのようにしてつくられた正義は見せかけにすぎず，それをよりどころにするのは，いかにも危うい。何より，自分の弱さを認めようとしない強さは，容易に人を傷つけるし，自身をも損ねる。その弊害は大きい。それで実は傷ついてきたことも，平気で人を傷つけてきたこともあると，後になって身に染みて思うことが多く，恥じるような思いと，教えることに対して，自身に対して，忌み嫌う気持ちが強くある。

　とはいえ，教えるということには，そういう面もあるかもしれないが，これはこれで偏狭な捉え方でもあるだろう。全く違うような先生もいらっしゃるし，教えるとはもっと自然なふるまいではないかとも思う。また，教員に限らず，何かができることを功績として評価するのが一つの信仰のようになっているのが，今の社会でもあるだろう（その病が教員には色濃く出やすい面はあるとしても）。ただ，忌避感が強かったからこそ，何かができるようになることよりも，耳をすますことに惹かれ，そこに救いを感じた面はあったかもしれない。真の強さは，自分の弱さをきちんと認めるところから生まれるというのは，本当だと思う。

私も聴かれていた，ということ

　自分をひらいて，耳をすますことは，いのちの通りがよくなり，"らしく"生きられることでもある。けれども，今の社会では，それが難しく，それでは身が持たないように思われる面もある。あまりにいろんなことがあると，これでは身が持たないと耳を閉じてしまうことも実際には多い。本当は聴きたいのに，聴くことで生きていきたいのに，それができないのはなぜだろう？なぜ耳を閉じてしまうのだろうか？と葛藤し，葛藤すらしなくなったらおしまいだ，という少し肩ひじはった思いも抱いてきた。ただ，最近少し思うのは，私が自分の思うようには聴いていなくても，それはそれでそれなりに，何かを感じてきたことはあったのかもしれない，ということだ。ふりかえってみると，意識

的には耳を閉じていたようでも，どこかで感じていたものはあり，それを少し
ずつあたためてきたところはあるようにも思う。

　それで思い出したのが，仕事を始めて数年経った頃，学生時代の恩師に会っ
た時のことだ。私がなかなか耳を傾けられないことをこぼした際，先生は一拍
置いて「でも，研ぎ澄まされた感性は健在でしょ？」と歌うように言われた。
いやいや，私の今の話を聴いておられましたか？と言いたくなるような言葉だ
が，「でも」と言われたのは，私が今そのように感じているのはそうなのだろ
うと許容された上でということだったのだろう。先生は私が「聴けていない」
――考えてみれば，これも"できている／できていない"にとらわれた思考だ
った――と思う，その奥に，変わらず流れている一筋の水脈をみておられるよ
うで，不思議だった。

　そういった水脈は，気づいていなくとも，誰の内にも流れているのかもしれ
ない。ただ，それを感じとり，あるいは消えかかっていたとしても，それがあ
ることを信じて，呼びかけてもらえるのは有難いことだ。水脈を保つには，そ
れなりの意志も必要だが，それは自分の意志だけでは成り立たない。「聴く」
というのは，受動的なようで主体性が必要とされる営みだが，それも，それと
知らぬところで，"聴かれていた"ということがあってこそ，なのかもしれな
い。

　"私も聴かれていた"ということで言えば，「福祉心理学入門」では，私は学
生の感想が毎回楽しみで，それを聴くのがメインのようにさえ思っていたが，
ふりかえりの感想の中で，私も学生に聴かれていたのだなと思うことがあった。
授業中，学生の感想を紹介した際に，私がある感想に「少し反論したことがあ
った」ことを覚えていたり，障害者の方の話をした時に，私が「『私たち』と
いう表現を訂正」していたこと（いわゆる健常者のことを「『私たち』と言う
のがよいか分からないが」と言ったことを指しているかと思う）が「少し印象
に残っ」ていたり，「命にかかわるヘビーなテーマも淡々と話」していたこと
が印象的だった，といった感想があり，私のほんのちょっとしたふるまいも聴
かれていたのだということは，驚きだった。学生たちのそうした耳があって授
業は進められていたのだ，ともあらためて思う。

　意識しないところでも聴いていること，聴かれていることがあるというのは

嬉しいことだ。どこかで人知れず発せられている小さな声を聴くことは，知らないうちに誰かに聴かれている耳によってまた支えられている。そのことを，よく覚えておきたい。

「聴かれている」ことでひらかれる世界

　自分も「聴かれている」感覚は，学生たち同士の間でも体験されていたようだった。

・この授業を通して，人の辛さ・痛みについて分かち合うために「聴く」ことの大切さを学ぶことができた。このことは，同時に私も「聴いてもらえる」立場にあることも気づかせてくれた。隣の人のことについて感じる，それは同時に私自身も感じてもらえるのだと言える。これこそが「共に生きる」ことの本質であり，あるべき社会の形なのではないかと思った。

・自分自身で消化する日記とは異なり，リアクションペーパーは先生や受講生に向けて文章をまとめる。これがより自分の体験と考えを客観的に分析することにつながった。更に，そのリアクションペーパーを先生が授業内で読み上げたときは，自分の体験が様々な事例の中の一つとして捉えられるようになった。

　何か声を発すれば「聴いてもらえる」。そしてそれは様々な声の中の一つとして捉えられる。

　私が他者の声から受けとるものがあったように，私の声もどこかにつながっていると思えること。そうした感触は，自分自身と社会の「あるべき形」に確かに通じているのかもしれない。

　この授業では一貫して"小さな声"に耳を傾けてきたが，小さな声とはいわゆる「社会的弱者」の声のみを指すわけではない。これまで見てきたように，"小さな声"は，私たち一人ひとりの，あまり気づいていなかった，見ることを避けてきた内なる様々な声でもある。私たちの生きづらさの根っこには，他者の，そして自身の，小さな声を聞かない，あるいは聞けないことから生じているところがあったのではないだろうか。しかし，気づかぬところで実は聞か

れていた，あるいは聴いてもらえるのだと気づく時，何かがひらかれてくるのではないかと思う。

"小さな声を小さなままに"

　この本ではたくさんの小さな声を紹介してきた。その一つひとつからは，確かな生が感じられ，どこか心に響くものがあったのではないだろうか。

　小さな声は弱く，助けを必要とするから，聞かれるべきなのではない。いや，そういう面も現実にはあるだろうが，そこに隠れた智慧があることを心に留めたいと私は思う。

　しかし，小さな声が小さなままに伝わることは難しい。小さな声は，明快で分かりやすい論理の前では，容易にかき消されてしまう。けれども小さな声が小さな声であるには，それなりの所以もあるはずだ。小さな声は，大きな声になった途端，内容は同じようで，何か質の異なる別のものになってしまう。大切な何かがこぼれ落ちてしまうことがあるように感じる。いや，そうであるとしても，全く届かないよりは，そのいくらかでも，多くの人と共有できる方がよいのかもしれない。ただ，そこにはこぼれ落ちてしまったものの痛みは残る。どちらがよいというものではないだろう。その間をゆらゆら揺れながら，しかしもう少し，私は小さな声を小さなままに聴くということを考えてみたい。それが，本書のタイトルを「小さな声を小さなままに」としたわけである。

　それは簡単にまとめることができない，終わりのない，開かれたものでもあるだろう。この本には，結論めいたものは似合わない。

　谷川俊太郎の「みみをすます」には最後の方に「ざわめきのそこの　いまにみみをすます」という一節があった。様々な小さな声は，ざわめきのようなものとも言えるかもしれない。様々な声の一つひとつに耳を傾けながら，その「ざわめきのそこのいま」に少しでも触れることができたならと思う。

文　　献

はじめに

霜山徳爾（1989）素足の心理療法．みすず書房．

谷川俊太郎（1982）みみをすます．福音館書店．

鷲田清一（1999）聴くことの力．TBS ブリタニカ．

第 1 章

秋山千佳（2016）ルポ保健室　子どもの貧困・虐待・性のリアル．朝日新書．

朝日新聞（2019）ひきこもりのリアル　朝日新聞　9 月30日朝刊．

皆藤靖子（2005）適応指導教室における取り組みの実際．臨床心理学第 5 巻第 1 号，金剛出版．51-56.

田原牧（2017）人間の居場所．集英社新書．

萩尾望都（2009）レオくん．小学館．

村澤和多里・杉本賢治編（2015）ひきこもる心のケア．世界思想社．

村澤和多里・山尾貴則・村澤真保呂（2015）ポストモラトリアム時代の若者たち．世界思想社．

山中康裕（1978）思春期内閉．中井久夫・山中康裕編．思春期の精神病理と治療．岩崎学術出版社，17-62.

山本智子（2012）学校におけるケアとコラボレーションの視点．森岡正芳編．カウンセリングと教育相談．あいり出版．146-156.

湯浅誠（2017）「なんとかする」子どもの貧困．角川新書．

第 2 章

綾屋紗月・熊谷晋一郎（2010）つながりの作法　同じでもなく　違うでもなく．NHK 出版．

東田直樹（2007）自閉症の僕が跳びはねる理由．エスコアール．

東田直樹（2013）あるがままに自閉症です．エスコアール．

東田直樹（2014）跳びはねる思考．イーストプレス．

東田直樹・山登敬之（2016）社会の中で居場所をつくる．ビッグイシュー日本．

熊谷晋一郎（2009）リハビリの夜．医学書院．

第 3 章

神奈川新聞（2017）ある施設長の告白「差別の温床　施設にも」2 月25日．

金満里（1996）生きることのはじまり．筑摩書房．

坂川亜由未＋智恵（2017）一緒にいることで，生きていく．現代思想 Vol. 45-8，青土社．120-135.

坂川裕野（2018）亜由未が教えてくれたこと―"障害を生きる"妹と家族の8800日．NHK 出版．

保坂展人（2016）相模原事件とヘイトクライム．岩波ブックレット．

渡邉琢（2017）介助者の痛み試論―直接介助の現場から考える．現代思想 Vol. 45-8，青土社．196-213.

渡邉琢（2018）障害者の傷，介助者の痛み．青土社．

【コラム】

朝井リョウ（2021）正欲．新潮社．

伊藤亜紗（2020）手の倫理．講談社．

第4章

朝日新聞（2012）幽霊目撃談，被災地で　11月19日夕刊．

朝日新聞（2013）福島　私たちが伝えたいこと　1月1日朝刊．

朝日新聞（2015）2030年ロボットと私　5月31日朝刊．

朝日新聞（2016）チェルノブイリの祈り　核といのちを考える　4月15日朝刊．

赤坂憲雄（2012）3.11から考える「この国のかたち」．新潮選書．

明石加代（2003）死と心理療法．横山博編．心理療法．新曜社．221-244.

アレクシェービッチ，S.（1997）松本妙子訳（1998）チェルノブイリの祈り　未来の物語．岩波書店．

石黒浩（2009）ロボットとは何か　人の心を映す鏡．講談社現代新書．

石牟礼道子（1969）苦海浄土．講談社．

石牟礼道子（2012）なみだふるはな．河出書房新社．

大島弓子（1994）綿の国星第2巻．白泉社．

岡田美智男（2012）弱いロボット．医学書院．

岡田美智男・松本光太郎編著（2014）ロボットの悲しみ―コミュニケーションをめぐる人とロボットの生態学．新曜社．

緒方正人（2001）チッソは私であった．葦書房．

高橋克彦・赤坂憲雄・東雅夫編（2013）みちのく怪談コンテスト傑作選2011　荒蝦夷

保坂和志（2015）チャーちゃん．福音館書店．

渡辺京二（1972）石牟礼道子の世界．石牟礼道子．苦海浄土．講談社文庫．305-325.

第5章

阿保順子（2010）認知症ケアの創造．雲母書房．

小澤勲（1998）痴呆老人からみた世界．岩崎学術出版社．

佐江衆一（1995）黄落．新潮社．

佐野洋子（2003）神も仏もありませぬ．筑摩書房．

進藤克郎（2002）高齢者臨床における痴呆．臨床心理学第 2 巻第 4 号，金剛出版．453-459．

呆け老人をかかえる家族の会編（2004）痴呆の人の思い，家族の思い．中央法規．

村瀬孝生（2011）看取りケアの作法．雲母書房．

山中恒・木下晋（2005）ハルばあちゃんの手．福音館書店．

あ と が き

　この本をまとめたのは，主に2020年の秋から2021年の秋にかけてであり，期せずして，新型コロナウイルスの影響で，授業がオンラインになった時期でした。2022年度現在，コロナの収束は未だ見えぬものの，対面授業に戻っています。相変わらずマスクは付けていますが，日常が戻ってきているようでもあり，どこか不思議な感覚もあった——学生たちにとっては孤独でもあった——Zoom の授業は，すでに遠いことのようにも思われます。もちろん，対面授業ができるようになったことは喜ばしいことであり，またオンラインに戻りたいとは思いませんが，あの時期は一体何だったのだろうかと，ふと思うこともあります。

　ある意味，みなが「ひきこもり」をしていたあの時期——そうした中でも，医療従事者をはじめ，エッセンシャルワーカーと呼ばれるようになった方々が，変わらず仕事に従事してくださったからこそ成り立ったことでしたが——について，第2章で紹介した熊谷晋一郎さんは，「大なり小なり全員が障害者になった」「総障害者化が起きた」と表現し，誰もが不便を感じている現在は，連帯に向かうチャンスであると同時に，他者を排除する方向に向かう可能性もあると述べていました（NHK「ハートネット TV」，2020年6月1日放送）。

　「みんなが障害をもった」ことは，思いをひそめ，周りや自分に耳をすますことにつながった面もあったように思いますが，今，それがどれくらい生かせているだろうかと思うと，心許ないような気もしています。新型コロナウイルスが発生したことは私たちに何かを問いかけているのではないか。そうであるとすれば，私たちはこの状況の収束を願うとともに，その問いかけへの応えを考え続ける必要があるのだろうとも思います。

　第2章でとりあげた東田直樹さんの語りへの感想の中には，新型コロナウイルスが流行している今，ますます自然と共存することの必要性が出てきたとして，「これを無意識にする事ができている直樹さんは，私達よりも周囲の環境

を見る事ができて，地球の異変に気付くことができるのかもしれない」（本書 p. 47）というものがありました。本書では，自然環境や「地球の異変」についてとりあげることはほとんどできませんでしたが，これは確かに今，私たちの在り方に投げかけられている大きな問いであり，東田さんの感性からは，そうした面でも教わることが豊かにあると思います。

　第4章で紹介した水俣の漁師，緒方正人さんは，あの番組の最後で「水俣病は近代文明社会の病んだ姿」と述べた後，次のように語っておられました（NHK「こころの時代」，2020年4月12日放送）。

> 「みんな海や山をどうしようかっていうけれど，逆じゃないか。自然の方がわれわれ人間のことを心配してくれてるんじゃないか。このままで人間たちの行く先は，生命世界はどうなるのかって。私たちの方が願いをかけられている」

　私たちの方が，「自然に願いをかけられている」――。

　この本では，人が人の声を聴くこと，あるいはその声が聴かれていることの意味について考えてきましたが，私たちは，自然によって，すでに「聴かれている」という視点は，今の時代における「小さな声を小さなままに聴く」という営みを，より深いところで支えてくれているのではないかと思います。今後考えていきたい課題です。

　このような形で本書がなるには，様々な方との出会いなくしてはありえませんでした。

　「福祉心理学入門」にお声をかけてくださった，立教大学の現在は名誉教授になられた河東仁先生，授業に参加し様々な声を寄せてくれた立教大学コミュニティ福祉学部をはじめとした学生のみなさんに，心から感謝申し上げます。

　また本書は筆者の勤務先である淑徳大学の助成をいただいて出版することができました。「福祉心理学入門」の組み立てには，これまで淑徳大学で担当してきた科目や，様々な学生たちとのかかわりから得てきたものが元になっている面も多くあります。

　本書出版にあたっては，ナカニシヤ出版の山本あかね様に大変お世話になり，いつもあたたかいお言葉で支えていただきました。

　みなさまに心より御礼申し上げます。

2022年 6 月
久保田美法

本書は淑徳大学学術出版助成を受けて刊行するものである。

著者紹介

久保田美法（くぼた・みほ）

淑徳大学総合福祉学部准教授，臨床心理士，公認心理師。
京都大学大学院教育学研究科臨床教育学専攻博士後期課程修了，博士（教育学）
主な著書に「『老いの時間』を共に生きる——心理臨床からの試み」（ナカニシヤ出版）

小さな声を小さなままに
私の「福祉心理学入門」から

2023年2月20日　初版第1刷発行　　定価はカヴァーに
表示してあります

著　者　久保田　　美法
発行者　中　西　　良

発行所　株式会社ナカニシヤ出版
〒606-8161　京都市左京区一乗寺木ノ本町15番地
Telephone　075-723-0111
Facsimile　075-723-0095
Website　http://www.nakanishiya.co.jp/
Email　iihon-ippai@nakanishiya.co.jp
郵便振替　01030-0-13128

装幀＝白沢　正／印刷・製本＝共同印刷工業
Printed in Japan.
Copyright © 2023 by M. Kubota
日本音楽著作権協会（出）許諾第2205758-201号
ISBN978-4-7795-1686-3